Städeli, Maurer, Caduff, Pfiffner
Das AVIVA-Modell

Christoph Städeli, Markus Maurer, Claudio Caduff, Manfred Pfiffner

Das AVIVA-Modell

Kompetenzorientiert unterrichten und prüfen

Christoph Städeli, Markus Maurer, Claudio Caduff, Manfred Pfiffner
Das AVIVA-Modell
Kompetenzorientiert unterrichten und prüfen
Mit einem Vorwort von John Hattie
ISBN Print: 978-3-0355-1898-6
ISBN E-Book: 978-3-0355-1899-3

Das vorliegende Werk basiert auf «Kompetenzorientiert unterrichten – Das AVIVA©-Modell» von Christoph Städeli, Andreas Grassi, Katy Rhiner und Willy Obrist, das 2010 erstmals in der Reihe «hep praxis» erschienen ist.

Bibliografische Information der Deutschen Nationalbibliothek:
Die Deutsche Nationalbibliothek verzeichnet diese Publikation
in der Deutschen Nationalbibliografie; detaillierte bibliografische
Daten sind im Internet über http://dnb.dnb.de abrufbar.

1. Auflage 2021
Alle Rechte vorbehalten
© 2021 hep Verlag AG, Bern

hep-verlag.com

Inhaltsverzeichnis

Vorwort		6
Zu diesem Buch		8
1	**Einführung: Das AVIVA-Modell im Überblick**	**10**
1.1	Kompetenzen und Ressourcen	10
1.2	Kernelemente des AVIVA-Modells	13
1.3	Unterrichten mit AVIVA – vier Vorteile	19
2	**Das AVIVA-Modell: Phase für Phase**	**22**
2.1	Ankommen und einstimmen	22
2.2	Vorwissen aktivieren	26
2.3	Informieren	31
2.4	Verarbeiten	36
2.5	Auswerten	40
2.6	Zusammenfassung	45
3	**Die Anwendung von AVIVA in vier Feldern pädagogisch-didaktischen Handelns**	**48**
3.1	AVIVA und Klassenführung	48
3.2	Problembasiertes Lernen (PBL)	53
3.3	Blended Learning	60
3.4	Prüfen	75
4	**Ausblick: AVIVA und Positive Bildung**	**88**
4.1	Positive Bildung	88
4.2	AVIVA und PERMA	91
4.3	AVIVA und die Förderung von Charakterstärken	93
5	**Literaturverzeichnis**	**96**
6	**Register**	**100**
Die Autoren		**102**

Vorwort

Von John Hattie | Übersetzt von Markus Maurer

Eine der zentralen Erkenntnisse meiner Forschung zu *Visible Learning* besteht darin, dass sich Lernergebnisse dann maximieren lassen, wenn Lehrpersonen das Lernen mit den Augen der Lernenden sehen und wenn Lernende dazu befähigt werden, ihre eigenen Lehrpersonen zu sein. Das AVIVA-Modell ist ein hervorragendes Beispiel dafür, wie sich diese Erkenntnis umsetzen lässt. Es argumentiert für ein Gleichgewicht zwischen Anleitung durch die Lehrperson einerseits und den Möglichkeiten für Lernende andererseits, die Welt zu erkunden, Fehler als Lernmöglichkeiten zu sehen und den Lernprozess selbstständig voranzutreiben. Schülerinnen und Schüler lernen zu wissen, was zu tun ist, wenn sie nicht wissen, was zu tun ist.

Das Modell nimmt die vielen bestehenden Zugänge zum Lernen produktiv auf, und fordert Lehrpersonen ausdrücklich auf, kognitive und weiterführende Strategien zu berücksichtigen, welche Lernende in jeder Lektion benötigen, um zwischen oberflächlichen Strategien und Tiefenstrategien zu unterscheiden. Es zeigt entsprechend auch auf, wie bedeutsam Lehrpersonen sind, welche den Lernenden neben dem stofflichen Inhalt auch verschiedene Strategien vermitteln. In unserer eigenen Arbeit sprechen wir von *teachers are to DIIE for* (**D**iagnose, **I**ntervene, **I**mplement and **E**valuate), was sich auch im AVIVA-Modell widerspiegelt. Die Phasen «Ankommen» und «Vorwissen aktivieren» unterstreichen die Bedeutung einer hervorragenden Diagnose darüber, welche bereits erworbenen Kompetenzen, welche Motivation und welchen *thrill* Lernende in den Unterricht einbringen können und wie wichtig es ist, ihr Vorwissen zu aktivieren. Entscheidend ist es sodann, passgenaue Interventionen in den Phasen «Informieren» und «Verarbeiten» zu finden und die Phase «Auswerten» so zu gestalten, dass auch sie zu einem Lernzuwachs beiträgt. Ja, Lernen ist harte Arbeit, erfordert Ausdauer und Fähigkeiten (inhaltlich, in Bezug auf Ideen und verschiedene Lernstrategien) und die Kompetenz, allein, in Gruppen und mit Lehrpersonen lernen zu können.

AVIVA ist sowohl eine Denkweise als auch ein Konzept der Unterrichtsplanung – und steht daher über vielen gängigen didaktischen Methoden. Letztere Methoden werden verwendet, um die Denkweise in vorliegendem Buch zu veranschaulichen, und laden Lehrpersonen ein, sich mehr auf die Wirkung ihres pädagogischen Handelns auf die Lernenden zu konzentrieren als darauf, Methoden möglichst gemäß Lehrbuch im Unterricht umzusetzen, selbst dann, wenn sie im gegebenen Kontext allenfalls nur wenig Wirkung erzeugen. Daher sollte der Schwerpunkt weniger auf der Art und Weise liegen, wie Lehrpersonen unterrichten, als vielmehr auf der Wirkung ihres Unterrichts. Wir brauchen auch mehr Zugänge im Denken darüber, wie Lernende sich entwickeln, insbesondere ein besseres Verständnis davon, wie Schülerinnen und Schüler verschiedene Lernstrategien anwenden, ihre Ausdauer fördern sowie ihre Fähigkeit verbessern, Wissen zu festigen, Konzepte in Beziehung zu setzen und diese auf gegenwärtige und zukünftige neue Probleme und Situationen zu beziehen. Ich finde es faszinierend, dass viele Fünfjährige dies können, und sehe mit Bedauern, dass zu viele im Alter von acht Jahren denken, dass ihre Rolle darin besteht, zum Unterricht zu kommen und den Lehrpersonen bei der Arbeit zuzusehen. AVIVA stellt dies auf den Kopf und hilft Pädagoginnen und Pädagogen, die Wirkung ihres Unterrichts aus den Augen der Schülerinnen und Schüler zu sehen, und ermöglicht es ihnen, zu ihren eigenen Lehrpersonen zu werden.

AVIVA ist auch ein hebräischer Name, der *jugendlich* bedeutet. Es wird also noch viel mehr kommen, wenn dieses Modell umgesetzt wird, seine Evidenzbasis wächst und seine Reichweite verfeinert und erweitert wird. Dieses Buch ist eine wunderbare Möglichkeit für Lehrpersonen, mithilfe des Modells über die Methoden hinaus zu schauen, um so den Lern- und Lebensweg von jungen Menschen in sinnhafter Art und Weise zu beeinflussen.

John Hattie ist Laureate Professor an der Melbourne Graduate School of Education

Zu diesem Buch

Das AVIVA-Modell wurde erstmals in einem Buch von Christoph Städeli und seinen Kollegen vorgestellt, das 2010 in deutscher Sprache veröffentlicht wurde (Städeli, Grassi, Rhiner & Obrist, 2010). Seitdem hat das Modell in der Schweiz und anderen deutschsprachigen Ländern große Beachtung in der Aus- und Weiterbildung von Lehrpersonen gefunden und wurde zu einem Referenzpunkt in zahlreichen Grundlagenwerken und wissenschaftlichen Beiträgen zur Schulpädagogik. Da das Interesse daran auch außerhalb des deutschsprachigen Raums wuchs, erschien jüngst eine englische Version des erwähnten Buchs (Städeli & Maurer, 2020). Für diese strafften wir wesentliche Teile des Originals und ergänzten sie durch Kapitel, welche sich mit der Anwendung von AVIVA in unterschiedlichen Feldern pädagogisch-didaktischen Handelns befassen.

Aufgrund des weiterhin großen Interesses innerhalb des deutschen Sprachraums nahmen wir die Herausgabe der englischen Version zum Anlass, auf dieser Grundlage eine angepasste deutsche Version zu veröffentlichen. Diese basiert im Wesentlichen auf dem gestrafften und zugleich thematisch ergänzten Text der englischen Ausgabe und enthält zusätzliche, aus unserer Sicht relevante thematische Kapitel sowie natürlich auch das Vorwort von John Hattie, das er zur englischen Ausgabe von 2019 beigesteuert hatte.

Ein sehr großer Dank gebührt an dieser Stelle den vielen Lehrpersonen nicht nur, aber vor allem aus der Berufsbildung, sowie unseren Studierenden, welche uns mit ihren zahlreichen Rückmeldungen geholfen haben, das hier vorgestellte Modell zu verfeinern und mithilfe relevanter Beispiele noch verständlicher zu präsentieren. Der Dank geht auch an unseren Kollegen Dario Venutti sowie an die Lektorierenden des hep Verlags, welche das Manuskript sorgfältig durchsahen. Darüber hinaus möchten wir uns bei Tatjana Straka vom hep Verlag bedanken, die den Veröffentlichungsprozess wie immer sehr zielführend begleitet hat, sowie bei Peter Egger, dem Verleger, der uns bei unseren Bemühungen, AVIVA aktuell zu halten und noch breiter zugänglich zu machen, ebenfalls wesentlich unterstützt hat.

1 Einführung: Das AVIVA-Modell im Überblick

1 Einführung: Das AVIVA-Modell im Überblick

Das Modell, das hier vorgestellt wird, ist AVIVA – ein Fünfphasen-Modell für einen wirkungsvollen Unterricht. Es basiert auf Ergebnissen der Lernpsychologie und *best practices* guten Unterrichts. In Abbildung 1 sind die fünf elementaren Phasen des Unterrichts skizziert, die dem Ablauf des Lernprozesses nachempfunden sind. Die Abkürzung AVIVA nimmt Bezug auf diese Schritte.

A	Ankommen und einstimmen
V	Vorwissen aktivieren
I	Informieren
V	Verarbeiten
A	Auswerten

Abbildung 1: Die Phasen des kompetenzorientierten Unterrichts nach dem AVIVA-Modell, schematisch

Lernen setzt zunächst die Bereitschaft voraus, sich auf Neues einzulassen («Ankommen und einstimmen»). Beim Vorhandenen («Vorwissen aktivieren») setzt das eigentliche Lernen («Informieren») an und baut darauf auf. Damit dieses Neue sich festigen kann, braucht es Gelegenheit zur Anwendung, Vertiefung und Übung («Verarbeiten»). Und schließlich wird man beim Lernen immer wieder Rechenschaft über den zurückgelegten Weg ablegen, bevor die nächste Wegstrecke in Angriff genommen wird («Auswerten»). Es ist wichtig, dass sich Unterricht an diesen Phasen orientiert. Nur so besteht Gewissheit, dass der Lernprozess inhaltlich und methodisch sauber und vollständig durchlaufen wird.

Kompetenzorientiert unterrichten heißt, die fünf Phasen nach dem AVIVA-Modell bei der Planung und Durchführung des Unterrichts stets sorgfältig zu beachten, den Lernenden den Weg mit verschiedenen Methoden – mehr oder weniger strukturiert, je nach den Voraussetzungen der Lernenden – vorzugeben und sie durch die Wahl der Methoden in Situationen zu versetzen, die sie nur durch den klugen Einsatz von Ressourcen meistern können. Der gezielte (und kreative) Einsatz von geeigneten Ressourcen selbst ist dann das, was wir als (Lern-)Kompetenz bezeichnen könnten.

Wie sieht nun ein kompetenzorientier Unterricht aus, der solchen Erwartungen Rechnung trägt? Dazu folgende theoretischen Ausführungen.

1.1 Kompetenzen und Ressourcen

Lehrpläne sind heute meist auf *Kompetenzen* ausgerichtet, über die Lernende am Ende ihrer Ausbildung oder ihres Studiums verfügen sollten. Dazu gehören sowohl fachliche Kompetenzen als auch Methoden-, Selbst- und Sozialkompetenzen, die weit über das Fachliche hinausgehen.

Kompetenzen beziehen sich dabei oft auf konkrete Situationen, etwa aus dem Berufsleben oder aus dem privaten Alltag. Kompetentes Handeln ist in diesen Situationen nur dann möglich, wenn bestimmte Ressourcen verfügbar sind – *Wissen (Kenntnisse), Fertigkeiten* und *Haltungen*. Diese Ressourcen bilden die – teils in der Ausbildung erworbene, teils bereits vorhandene – Grundausstattung, die benötigt wird, um herausfordernde Situationen zu meistern (Le Boterf, 1994).

Wie wir uns das Zusammenspiel der Ressourcen konkret vorstellen müssen, lässt sich am besten an einem Beispiel zeigen: Eine Friseurin berät eine Kundin, die sich Gedanken über eine Haarfärbung macht.

Zunächst spielen die *Haltungen* eine Rolle. Grundsätzlich muss die Friseurin daran interessiert sein, die Kundin optimal zu beraten und deren Wünsche zu erfüllen. Gleichzeitig muss sie auch einen gewissen Geschäftssinn entwickeln und daran interessiert sein, Dienstleistungen zu verkaufen. Aber bleiben wir zunächst bei der Beratung: Die Friseurin braucht viel Einfühlungsvermögen und Fingerspitzengefühl; sie muss spüren, ob die Kundin ihre Haare überhaupt färben oder ob sie doch eher zu ihren weißen Haaren stehen will. Sie muss dabei die eigenen Vorlieben zugunsten derjenigen der Kundin zurückstellen. Sie muss Verantwortung übernehmen und die Kundin ehrlich über die Konsequenzen einer chemischen Farbveränderung informieren.

In ihrer Verantwortung liegt es anschließend auch, das optimale Mittel zu wählen und ihre Arbeit korrekt und sorgfältig auszuführen. Dabei kommen ihre *Kenntnisse* und *Fertigkeiten* ins Spiel.

Die Friseurin muss zunächst die unterschiedlichsten Mittel und Verfahren für Farbveränderungen kennen; sie muss der Kundin deren Möglichkeiten und Grenzen aufzeigen und aufgrund ihrer Wünsche das richtige Mittel wählen *(Kenntnisse)*.

Um das Produkt korrekt anwenden zu können, muss die Friseurin Anwendungshinweise verstehen. Sie muss wissen, welche Konsequenzen ein Nichteinhalten der Einwirkzeit haben kann. Sie muss ebenfalls verstehen, dass es je nach Situation verschiedene Auftragetechniken gibt. Sie muss also Überlegungen anstellen, um welche Situation es sich im vorliegenden Fall handelt.

Hat sich die Friseurin für eine Auftragetechnik und ein Produkt entschieden, kommen ihre *Fertigkeiten* zum Zug. Beim Mischen der Farbe berücksichtigt sie die genauen Anwendungshinweise und trägt sie sorgfältig und korrekt auf. Der Kreis zu den *Haltungen* schließt sich, indem die Friseurin Verantwortung für die sorgfältige Ausführung und das Einhalten der Einwirkzeit übernimmt.

1.1.1 Unser Kompetenzverständnis

Ganz ähnlich wie im eben skizzierten Beispiel verstehen wir in diesem Buch *Kompetenz* als Fähigkeit, bewusst *Ressourcen* – also *Wissen, Fertigkeiten* und *Haltungen* – zu *aktivieren* und *kreativ* und *funktional* miteinander zu *kombinieren*, um *konkrete Situationen* erfolgreich zu meistern (Abbildung 2 und Ghisla, Bausch & Boldrini, 2008, S. 441). Dabei konzentrieren wir uns hier bewusst auf den schulischen Bereich – und verlieren dabei gleichzeitig nie aus dem Blick, dass das, was in der Schule vermittelt und gelernt wird, nur ein Teil dessen ist, was es zum Aufbau von Kompetenz braucht. Umgekehrt ist ganz wesentlich, dass das Wissen, die Fertigkeiten und Haltungen, die sich Lernende außerhalb der Schule aneignen, in den Unterricht eingebettet, nutzbar gemacht und reflektiert werden. Unterricht soll stets an die Erfahrungen der Lernenden anknüpfen – im besten, produktivsten Sinn.

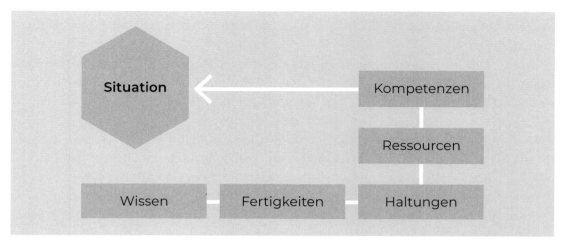

Abbildung 2: Annäherung an den Kompetenzbegriff

1.1.2 Wissen, Fertigkeiten und Haltungen

Ein paar allgemeine Bemerkungen zu den drei Typen von Ressourcen:

Wissen: Wissen kann unterschiedliche Formen annehmen (Brühwiler et al., 2017, S. 211). Eine erste Form lässt sich häufig in Aussagesätzen fassen und wird als *deklaratives* Wissen bezeichnet. Die Lernenden müssen zum Beispiel Fachbegriffe kennen, deren Bedeutung verstehen und Zusammenhänge zwischen ihnen nachvollziehen und benennen können. Dieser Typus von Wissen beschränkt sich indessen nicht auf sachliche Inhalte. Auch bei den Arbeits- und Lerntechniken ist deklaratives Wissen wesentlich. Die Lernenden erwerben Kenntnisse über mögliche Vorgehensweisen und einen möglichen Arbeitsablauf. Das genügt freilich nicht. Sie müssen auch wissen, wie man sich einer Technik bedient (Wissen, wie man etwas tut: *prozedurales* Wissen) (Euler & Hahn, 2007, S. 109). Und weiter müssen sie wissen, wann und unter welchen Umständen man eine bestimmte Arbeits- und Lerntechnik mit Gewinn einsetzt. Solches Expertenwissen, das Handeln in der konkreten Umsetzung steuert, bezeichnen wir als *konditionales* Wissen. Zur Ressource Wissen gehört schließlich das Wissen über sich selbst als Lernende und Lerner (fachliches Vorwissen, Lerngewohnheiten, eigenes Lernstrategierepertoire), über die Lernsituation (Metzger, 2001, S. 43) und über Aufgaben und Aufgabentypen (Büchel & Büchel, 2010, S. 33–38). Solches Wissen bezeichnen wir als *Metawissen*.

Fertigkeiten: Die Lernenden müssen ihr Wissen auch in bestimmten Situationen anwenden können; dazu brauchen sie Fertigkeiten, also Verhaltensweisen, die im Verlauf der Ausbildung in Form von Lern- und Arbeitstechniken gezielt geschult werden und mit der Zeit in Fleisch und Blut übergehen.

Haltungen: Als Haltungen bezeichnen wir die inneren Einstellungen eines Menschen, seine Werte und Normen. Haltungen prägen das *Handeln* wesentlich mit. Beispiele für Haltungen in diesem Sinn sind etwa Verantwortungsbewusstsein, Einfühlungsvermögen, Toleranz und Interesse am Umfeld.

Aus diesem Begriffsverständnis leiten wir folgende Regeln ab:
1. Werden bei kompetentem Handeln Ressourcen gebündelt, müssen diese Ressourcen schon vorhanden sein – im Unterricht werden sie also zunächst aufgebaut, weiterentwickelt und systematisiert.
2. Kompetentes Handeln ist immer situationsbezogen – und jede Situation ist anders. Situationen lassen sich allerdings auch typisieren und konstruieren. Dies sind für die Ausbildung im schulischen Bereich zentrale Annahmen.

1.2 Kernelemente des AVIVA-Modells

Jeder Unterricht hat eine äußere und eine innere Seite. Außen ist sichtbar, in welcher Organisations- und Sozialform der Unterrichtsprozess bei einer gegebenen Methode gestaltet wird. Ihre Außenseite zeigt also, wie der Unterricht aufgebaut und rhythmisiert ist (Abbildung 3, Kreis 1). Mit Innenseite meinen wir die Aktivitäten der Lernenden bei der fraglichen Methode, die Art und Weise, wie sie Inhalte, Ziele und Vorgehensweisen miteinander verknüpfen, wie sie also durch Aufgaben- und Problemstellungen Ressourcen aufbauen und einsetzen müssen, um das vorgegebene Ziel zu erreichen, kurz: wie sie lernen (Abbildung 3, Kreis 2).

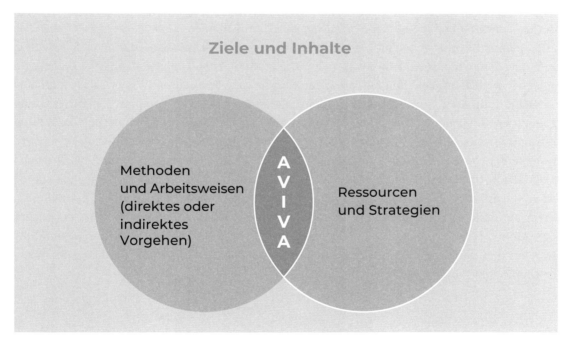

Abbildung 3: AVIVA – ein Modell zur Förderung von Kompetenzen

In den folgenden Abschnitten stellen wir die Kernelemente des AVIVA-Modells vor, so wie sie in der Abbildung 3 dargestellt sind.

1.2.1 Die Außensicht – Methoden und Arbeitsweisen

Die Gestaltung des Unterrichts hat wesentlichen Einfluss auf die Art und Weise, wie in der Schule gelernt wird. Wenn immer alle Fäden in der Hand der Lehrperson zusammenlaufen, werden die Lernenden nie dazu ermutigt, ihr Lernen selbst zu steuern. Wenn die Lehrperson den Lernenden von Anfang an inhaltlich und methodisch das Feld überlässt, ist die Chance, dass diese sich selbstständig Wissen und Können aneignen, genauso gering, da ihnen vielfach nicht klar sein wird, wie sie in einer bestimmten Situation vorgehen sollen. Für den Unterricht ist wohl eine gute Balance zwischen Steuerung durch die Lehrperson (direktes Vorgehen) und Elementen des selbstregulierten Lernens (indirektes Vorgehen) sinnvoll.

Arbeitsweisen – direktes und indirektes Vorgehen

Beim direkten Vorgehen ist es die Lehrperson, die vorgibt, welche Ressourcen für das Bearbeiten einer vorgegebenen Situation benötigt werden. Bildlich gesprochen: Die Puzzleteile werden den Lernenden einzeln präsentiert; die Lehrperson zeigt, wie die Teile zusammenpassen, mit welchem Wissen und welchen Fertigkeiten sie eine Situation meistern können. In solchen Settings ist das Vor- und Nachmachen ein wichtiger methodischer Zugang. Mithilfe von Lehrmitteln zum Thema «Lernen lernen» oder konkreten Arbeitsanweisungen erhalten die Lernenden Einblick in verschiedene Vorgehensweisen und entwickeln gezielt Ressourcen. Mit der Zeit entsteht für sie aus den einzelnen Teilen ein Ganzes. Nachdem ihnen die Instruktion der Lehrperson den Weg gewiesen hat, sind sie allmählich in der Lage, eine vorgegebene Situation planmäßig anzugehen und selbst zu meistern. Solch schrittweises, durch die Lehrperson gelenktes Vorgehen ist dann sinnvoll, wenn die Lernenden noch über wenig Ressourcen verfügen oder wenn die Ausbildungssituation den Einsatz ganz bestimmter Ressourcen voraussetzt.

Beim indirekten Vorgehen wird den Lernenden lediglich eine komplexe Situation vorgegeben. Sie versuchen autonom, die Situation mit den vorhandenen Ressourcen zu analysieren und herauszufinden, wie ein Problem gelöst werden kann. Aufgrund der Analyse wird festgehalten, welche Ressourcen in den Feldern «Wissen», «Fertigkeiten» und «Haltungen» allenfalls noch zu erwerben, zu optimieren oder zu hinterfragen sind. Im Anschluss an die Analyse wird im Team das weitere Vorgehen geplant, werden die nächsten Schritte definiert. Beim indirekten Vorgehen ist also bereits zu Beginn das ganze Bild ersichtlich; die Lernenden können jeden weiterführenden Schritt stets mit der zu lösenden Situation in Verbindung bringen und versuchen, sie aus eigener Kraft zu meistern, ohne dass die Lehrperson mit methodischen Vorgaben eingreift.

Kernelemente des AVIVA-Modells

PHASEN		DIREKTES VORGEHEN	INDIREKTES VORGEHEN
A	Ankommen und einstimmen	Lernziele und Programm werden bekannt gegeben.	Die Situation, das Problem wird vorgestellt; die Lernenden bestimmen Ziele und Vorgehen weitgehend selbst.
V	Vorwissen aktivieren	Die Lernenden aktivieren ihr Vorwissen unter Anleitung und strukturiert durch die Methoden der Lehrperson.	Die Lernenden aktivieren ihr Vorwissen selbstständig.
I	Informieren	Ressourcen werden gemeinsam entwickelt oder erweitert; die Lehrperson gibt dabei den Weg vor.	Die Lernenden bestimmen selbst, welche Ressourcen sie sich noch aneignen müssen, und bestimmen, wie sie konkret vorgehen wollen.
V	Verarbeiten	Aktiver Umgang der Lernenden mit den vorgegebenen Ressourcen: verarbeiten, vertiefen, üben, anwenden, konsolidieren …	Aktiver Umgang der Lernenden mit den neuen Ressourcen: verarbeiten, vertiefen, üben, anwenden, diskutieren …
A	Auswerten	Ziele, Vorgehen und Lernerfolg überprüfen.	Ziele, Vorgehen und Lernerfolg überprüfen.

Tabelle 1: Direktes und indirektes Vorgehen

Selbstverständlich markieren die Begriffe direktes und indirektes Vorgehen nur die Eckpunkte eines Kontinuums – im konkreten Unterricht sind stets auch Zwischenformen und Übergänge denkbar. Darüber hinaus lassen sich die beiden beschriebenen Verfahren ergänzen: durch isoliertes, eingebettetes oder kombiniertes Training von Lerntechniken und Arbeitsstrategien (Dubs, 2009, S. 261). Beim isolierten Training werden eigenständige Unterrichtseinheiten zur Förderung bestimmter Techniken und Strategien eingeschaltet, wie sie in manchen Lehrplänen bereits vorgesehen sind. Beim eingebetteten Strategie- und Kompetenztraining wird in den Lehrplänen ausgeführt, welche Kompetenzen mit welchen Inhalten oder Leistungszielen in Verbindung gebracht werden können. Natürlich lassen sich die verschiedenen Formen bei der Gestaltung konkreten Unterrichts auch mischen.

	VORTEILE	NACHTEILE
Direktes Vorgehen	- Die Lehrperson zeigt direkt auf, wie die einzelnen Ressourcen miteinander verbunden werden können. - Einzelne Ressourcen können ganz gezielt und bewusst aufgebaut werden. - Zeitnahes Feedback durch die Lehrperson vor allem bei den ersten Anwendungen einer Strategie.	- Die Lernenden wenden die vermittelten Ressourcen schematisch oder mechanisch an, ohne dass sie auf ihr individuelles Vorwissen Bezug nehmen müssten. - Lernende, die bereits über ein Bündel von gut funktionierenden Ressourcen verfügen, können bei der Anwendung der neuen, expliziten Ressourcen verunsichert werden oder sich langweilen.
Indirektes Vorgehen	- Dank der vertieften Auseinandersetzung mit dem Problem erkennen die Lernenden selbst, welche Ressourcen sie noch entwickeln oder erweitern müssen.	- Wenn die Lernenden über wenig Vorwissen verfügen, können sie nur wenige Ressourcen selbst mobilisieren. Sie sind vielleicht überfordert oder verunsichert.

Tabelle 2: Wesentliche Vor- und Nachteile des direkten und des indirekten Vorgehens (nach Dubs, 2009, S. 262)

Welches Vorgehen kommt wann zum Zug? In einer Klasse von Lernenden, die über wenig Vorwissen verfügen, werden wir zunächst den direkten oder gelenkten Weg einschlagen, aber immer mit dem Ziel, zum indirekten Vorgehen zu wechseln, sobald die Lernenden dazu bereit und motiviert sind. Wichtig ist in diesem Zusammenhang die Haltung der Lehrperson. Die Lernenden sind eher dazu bereit, sich gezielt auf die Förderung von Kompetenzen einzulassen, wenn die Lehrperson sinnvolle Aufgaben und Probleme stellt und immer wieder darauf achtet, die Lernenden in diesem Prozess sorgsam zu begleiten. Zudem entscheiden bei den Lernenden motivationale Faktoren, ob sie überhaupt dazu bereit sind, ihre Lern- und Arbeitsgewohnheiten anzupassen (vgl. dazu die Ausführungen auf Seite 18).

Stellenwert der Methoden im AVIVA-Modell

Was verstehen wir unter «Methoden»? Unterrichtsmethoden sind, wie Hilbert Meyer (2005, S. 45) schreibt, «Formen und Verfahren, in und mit denen sich Lehrer und Schüler die sie umgebende natürliche und gesellschaftliche Wirklichkeit unter institutionellen Rahmenbedingungen aneignen». Bezogen auf den kompetenzorientierten Unterricht nach AVIVA bedeutet dies, dass durch den Einsatz von Methoden gezielt Situationen geschaffen werden, die möglichst viel mit der natürlichen und gesellschaftlichen Wirklichkeit zu tun haben. In diesen Lehr-Lern-Arrangements unter den institutionellen Rahmenbedingungen von Unterricht können sich die Lernenden Ressourcen aneignen oder die bereits erworbenen Ressourcen in noch wenig bekannten Feldern anwenden.

Bei der Planung von Unterricht stellt die Lehrperson aber nicht die methodischen Settings in den Vordergrund, sondern überlegt sich zuerst, welche Ressourcen aufgebaut und gefördert werden sollen. Bei der Ressource «Wissen» erstellt sie eine inhaltliche und thematische Struktur (Städeli & Caduff, 2019, S. 32–39) und denkt darüber nach, mit welchen Ressourcen aus den Bereichen «Fertigkeiten» und «Haltungen» die entsprechenden Inhalte verbunden werden können – dies natürlich in Übereinstimmung mit den Zielen, die in den Lehrplänen vorgegeben sind. Unterrichtsziele, -inhalte und -methoden stehen immer in Wechselwirkung zueinander.

> Wir dürfen also unsere methodischen Vorbereitungsarbeiten und unser methodisches Handeln einerseits nie von den Inhalten und Zielen abkoppeln. Die Wahl der Methode ist zugleich eng mit dem vorgegebenen Inhalt verwoben. Man kann ja nicht über nichts unterrichten, wie es Terhart (2009) postuliert. Im Unterricht werden über das methodische Handeln der Lehrperson und der Lernenden stets auch inhaltliche Strukturen – Wissen – aufgebaut: Eine Methode ohne Inhalt, das wäre, bildlich gesprochen, wie Stricken ohne Wolle.

Mit jeder Methode erwerben die Lernenden bei der Umsetzung Strategien, die sie befähigen, in Zukunft vergleichbare Situationen zu meistern. Als Strategien bezeichnen wir die komplexen Vorgehensweisen bei der Lösung einer Aufgabe oder der Bearbeitung eines Problems (Wild, Hofer & Pekrun, 2006, S. 245).

1.2.2 Die Innensicht – Ressourcen und Strategien

Mit Innenseite meinen wir die Aktivitäten der Lernenden, die Art und Weise, wie sie Inhalte, Ziele und Vorgehensweisen miteinander verknüpfen, wie sie also durch Aufgaben- und Problemstellungen Ressourcen aufbauen und einsetzen müssen, um das vorgegebene Ziel zu erreichen, kurz: wie sie lernen (Abbildung 3, Kreis 2).

Lernen – auch schulisches Lernen – ist ein komplexes Geschehen, dessen wesentliche Aspekte (Reinmann-Rothmeier & Mandl, 2006; Reusser & Reusser-Weyeneth, 1994) im Unterricht immer berücksichtigt werden müssen:

1. Lernen ist ein *aktiver* Prozess, an dem die Lernenden selbst maßgeblich beteiligt sind. Sie müssen Lernmotivation und ein situatives Interesse entwickeln.
2. Lernen ist ein *selbstgesteuerter* Prozess. Die Lernenden sind für die Steuerungs- und Kontrollprozesse selbst verantwortlich, wobei das Ausmaß ihrer Beteiligung beim direkten oder beim indirekten Vorgehen variiert. Lernen ohne jegliche Selbststeuerung ist nicht denkbar.
3. Lernen ist ein *konstruktiver* Prozess und baut immer auf vorhandenen Ressourcen auf. Ohne entsprechenden Erfahrungs- und Wissenshintergrund und ohne eigene «Aufbauleistung» finden keine nachhaltigen kognitiven Prozesse statt.
4. Lernen ist ein *situativer* Prozess, der stets in spezifischen Kontexten erfolgt. Situationen ermöglichen die konkreten Lernerfahrungen und liefern einen Interpretationshintergrund für die Bewertung der Ressourcen.
5. Beim Lernen sind die *emotionalen* Prozesse von großer Bedeutung. Viel Einfluss haben die leistungsbezogenen und sozialen Emotionen (wie Freude), vor allem auch im Hinblick auf die Motivation.
6. Last but not least ist Lernen auch ein *sozialer* Prozess. Lernen geschieht häufig in der sozialen Interaktion und am Modell – wobei keineswegs nur Ausbilderinnen und Ausbilder das Modell sein müssen – sehr oft übernehmen auch die Peers diese Rolle, die Gleichaltrigen, die Mitlernenden.

Beim Lernen kommen ferner verschiedene Strategien zum Zug: kognitive und metakognitive Strategien, über die jemand verfügt, aber selbstverständlich auch motivationale Strategien. Ganz bewusst sprechen wir in diesem Zusammenhang von Strategien – es geht um komplexe Denk- und Arbeitsweisen und nicht um bloße Techniken. Strategien werden mit Absicht und gezielt eingesetzt; sie werden in ihrer Wirksamkeit kontrolliert und bei Bedarf angepasst.

Diese drei Strategie-Komponenten (Boekaerts, 1999) fügen sich schichtartig übereinander (Abbildung 4).

Einführung: Das AVIVA-Modell im Überblick

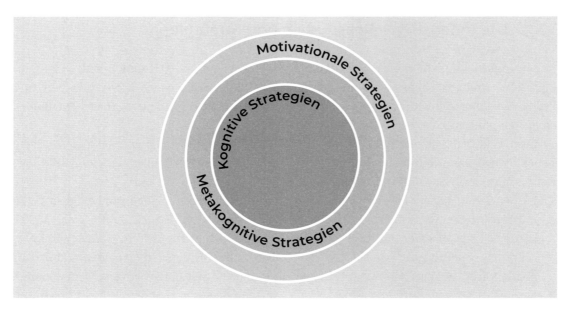

Abbildung 4: Das Drei-Schichten-Modell des Lernens

Die kognitiven Strategien bilden die innerste Schicht des Zwiebel-Modells: Unter *kognitiven Strategien* verstehen wir all jene Prozesse, die unmittelbar mit der Aufnahme, Verarbeitung und Speicherung von Information zu tun haben. Dabei unterscheiden wir Oberflächenstrategien, die hauptsächlich auf Reproduktion von Wissen ausgerichtet sind – etwa auswendig lernen, einen Text mehrmals lesen und sich den Inhalt einprägen –, und Tiefenstrategien, die man einsetzt, wenn man die zu erlernenden Inhalte wirklich verstehen, Wichtiges von Unwichtigem trennen oder Zusammenhänge aufdecken will. Wenn die Lernenden an den Inhalten interessiert sind und das Erarbeitete mit den eigenen Erfahrungen in Verbindung bringen können, dann besteht die Chance, dass sie sich nicht auf oberflächliches Lernen beschränken, sondern der Sache auf den Grund gehen wollen und Tiefenstrategien einsetzen.

Mit *metakognitiven Strategien* steuern die Lernenden ihr Lernen selbst. Sie können zum Beispiel Ziele formulieren, selbstständig eine Gliederung erstellen, mögliche Stolpersteine vor der Ausführung der Arbeit erkennen und sich selbst kontrollieren, aber auch abschätzen, was nötig ist, um möglichst ökonomisch zu arbeiten.

Zentral für den Lernerfolg ist die äußerste Schicht der Zwiebel, die *Motivation*. Darunter verstehen wir die Bereitschaft der Lernenden, sich auf den Weg zu machen und auch in schwierigen Situationen nicht aufzugeben. Ob eine Lernende oder ein Lernender sich gut motivieren kann, hängt unter anderem davon ab, ob sie oder er sich selbst realistische Ziele zu setzen vermag und ob es so möglich wird, die eigene Stimmung positiv zu beeinflussen, das eigene Interesse am Thema zu wecken, zu erhalten und sich Erfolgserlebnisse zu verschaffen (Metzger, 2008, S. 15–18). Motivation ist der Wille, sich in einer konkreten Lernsituation intensiv und ausdauernd mit einem Gegenstand auseinanderzusetzen (Wild, Hofer & Pekrun, 2006). Im Unterricht ist in diesem Sinn namentlich das Bedürfnis nach Selbstwirksamkeit, nach Autonomie und sozialer Eingebundenheit (Zughörigkeit, Wohlfühlen, Sicherheit, Unterstützung) wirksam. Dass solche Bedürfnisse im Unterricht befriedigt werden, ist die Grundbedingung für ein produktives und subjektiv bedeutsam erlebtes Lernen (Messner, Niggli & Reusser, 2009, S. 154).

Welche Strategien die Lernenden im Unterricht anwenden, hängt zu einem guten Teil von der Gestaltung des Unterrichts durch die Lehrperson ab. Die Lernenden werden tiefen- und metakognitive Strategien eher dann einsetzen, wenn sie im Unterricht gefordert und gefördert werden.

Gefordert werden sie, wenn ihnen anspruchsvolle und anregende Aufgaben zur Bearbeitung vorliegen, die sie nur durch den Einsatz von Tiefenstrategien bearbeiten können. Lernende haushalten in der Regel mit ihren Kräften. Deshalb müssen sie in Situationen gebracht werden, die sie nur durch den Einsatz von metakognitiven Strategien bewältigen können.

Gefördert werden die Lernenden dann, wenn die Lehrperson ihnen gezielte Rückmeldungen gibt, wie gut sie durch den individuellen Einsatz von Ressourcen und persönliches Engagement Fortschritte erzielen konnten, und wenn die Lehrperson ihren Unterricht immer wieder nach dem direkten oder indirekten Verfahren variieren kann.

> Aus diesem Begriffsverständnis leiten wir folgende Schlussfolgerungen ab:
> Ein kompetenzorientierter Unterricht ist ausgerichtet auf die Entwicklung ...
> - von kognitiven Strategien,
> - von metakognitiven Strategien,
> - und von motivationalen Strategien.

Durch anspruchsvolle und anregende Aufgaben und den Einsatz von Methoden, die den Aufbau bestimmter Ressourcen unterstützen, tragen wir viel dazu bei, dass die Lernenden ihr Lernen und Arbeiten selbst in die Hand nehmen und künftige Herausforderungen in Arbeit und Beruf – dank gezieltem Einsatz von Ressourcen – bewältigen können.

1.3 Unterrichten mit AVIVA – vier Vorteile

Kompetenzorientiert unterrichten bedeutet, die fünf Phasen nach dem AVIVA-Modell bei der Planung und Durchführung des Unterrichts stets sorgfältig zu beachten, den Lernenden den Weg mit verschiedenen Methoden – mehr oder weniger strukturiert, je nach den Voraussetzungen der Lernenden – vorzugeben und sie durch die Wahl der Methoden in Situationen zu versetzen, die sie nur durch den klugen Einsatz von Ressourcen meistern können. Der gezielte (und kreative) Einsatz von geeigneten Ressourcen selbst ist dann das, was wir als (Lern-)Kompetenz bezeichnen könnten. Das AVIVA-Modell bringt somit die wesentlichen Elemente eines gut strukturierten, kompetenzorientierten Unterrichts in einen praxisgerechten und klaren Ablauf. Daraus lassen sich vier Vorteile ableiten:

Das AVIVA-Modell verschafft Klarheit.
Wie bedeutsam das Merkmal «Klarheit der Lehrperson» für die Unterrichtsqualität ist, zeigen die Befunde aus der Studie *Visible Learning* von John Hattie. Es erreicht mit einer Effektstärke von 0.75 einen sehr hohen Wert und führt zu einer deutlichen Steigerung der Lernleistungen. Klarheit bedeutet in diesem Zusammenhang, dass die Lehrpersonen alle Planungsschritte im Hinblick auf die Ziele, Inhalte, Methoden und Medien benennen, begründen und beispielhaft darlegen können kann (Hattie & Zierer, 2016, 47–48).

Das AVIVA-Modell ist ein Koordinationsinstrument.

Ein Unterricht, der nach dem AVIVA-Modell geplant und durchgeführt wird, ist auch von außen beobachtbar und beschreibbar. Kolleginnen und Kollegen, die den Unterricht besuchen, können ihre Beobachtungen nach drei Aspekten gliedern: Phasen nach AVIVA, Aktivität der Lehrperson, Aktivitäten der Schülerinnen und Schüler. Die aufgeführten Kriterien ermöglichen es allen Beteiligten, den Unterricht zu analysieren, um daraus Optimierungsmöglichkeiten abzuleiten.

Das AVIVA-Modell ist Analysemittel und Orientierungsraster zugleich.

Mit AVIVA hat die Lehrperson ein Analysemittel zur Hand, das ihr zeigt, welche Ressourcen in welcher Phase mit welchen Methoden sinnvoll aufgebaut werden. Es werden also nicht beliebig Ressourcen aufgebaut und Kompetenzen gefördert; beides steht vielmehr in einem direkten Zusammenhang mit den Inhalten (vorgegeben durch die verschiedenen Phasen) und der Art und Weise, wie die Lehrperson die Inhalte vermittelt.

Mit dem AVIVA-Modell lässt sich selbstverantwortetes Lernen fördern.

Wenn die Lehrperson den Lernenden das AVIVA-Modell erklärt, wird es ihnen besser gelingen, Ressourcen systematisch und gezielt aufzubauen und ihr Lernen zunehmend selbst zu steuern, also kompetente, selbstverantwortliche Lerner zu werden.

In den folgenden Kapiteln stellen wir die fünf Phasen nach dem AVIVA-Modell näher vor und zeigen, mit welchen Methoden die Lehrperson die Lernenden gezielt dazu anregen kann, bestimmte Ressourcen und Strategien aufzubauen. Bei den aufgeführten Methoden handelt es sich selbstverständlich nur um eine Auswahl. Jede Lehrperson kann und muss ihr Methodenrepertoire ihren Lernenden, dem Fach und den persönlichen Kompetenzen anpassen.

2 Das AVIVA-Modell: Phase für Phase

2   Das AVIVA-Modell: Phase für Phase

Wir stellen jetzt die einzelnen Phasen näher vor und zeigen auf, mit welchen Methoden die Lehrperson die Lernenden gezielt dazu anregen kann, bestimmte Ressourcen aufzubauen mit dem Ziel, dass die Lernenden ihr Arbeiten mittel- und langfristig *selbstständig* angehen können. Der Aufbau der einzelnen Kapitel entspricht der Struktur, so wie wir sie in der Abbildung 3 «AVIVA – ein Modell zur Förderung von Kompetenzen» auf der Seite 13 dargestellt haben.

Zuerst umschreiben wir jede einzelne Phase nach AVIVA, indem wir auf die Bedeutung der Phase fürs Lernen eintreten. Dann gehen wir ein auf die Innensicht und zeigen auf, welche Ressourcen und Strategien in den einzelnen Phasen entwickelt werden können. Als letzter Schritt folgt dann eine Analyse der Außensicht. Wir führen dabei verschiedene Methoden auf, die im direkten oder im indirekten Verfahren zum Einsatz kommen können.

2.1 Ankommen und einstimmen

Egal ob Kinovorführung, Sportanlass, Taufe oder Diplomfeier: Fast jede Veranstaltung beginnt auf eine ganz bestimmte Weise. Mit einem Ritual wird das Publikum aus seiner Alltagsstimmung geholt und auf die folgenden Ereignisse vorbereitet. Das Abschiednehmen vom individuellen Erleben und das Einstimmen auf eine kollektive Erfahrung schafft erst die emotionalen Voraussetzungen, damit die Veranstaltung gelingen kann – das ist beim Unterricht nicht anders. Analog empfiehlt es sich auch bei jedem Arbeits- oder Lernprozess, sich auf das Neue einzustimmen, bevor man richtig loslegt.

2.1.1   Bedeutung

In Gedanken befinden sich die Lernenden zu Beginn des Unterrichts oft noch an einem völlig anderen Ort, zum Beispiel bei der Familie, beim letzten Spiel ihres Fußballvereins oder bei der durchtanzten Samstagnacht. Eine völlig heterogene Lerngemeinschaft soll sich an einem vom Stundenplan bestimmten Zeitpunkt einfinden und einen zielgerichteten und effizienten Lernprozess beginnen – ein anspruchsvolles Unterfangen. Lernende kommen aus ganz unterschiedlichen Lebenswelten in den Unterricht; über diese Kontextbedingungen ihres Lernens wissen Lehrpersonen meistens wenig.

Vor diesem Hintergrund stellen wir uns die folgenden Fragen:
- Wie können wir erreichen, dass die Lernenden sich aus ihrer Lebenswelt lösen, sich in die Lerngemeinschaft eingliedern und ihre Aufmerksamkeit auf die Unterrichtsinhalte ausrichten?
- Welche Methoden stehen uns dafür zur Verfügung?
- Welche Erfahrungen machen die Lernenden in dieser Phase? Was können sie dabei lernen?

2.1.2 Die Innensicht – Ressourcen und Strategien

Motivationale Strategien

Der Schwerpunkt unserer Aktivitäten in der Phase «Ankommen und einstimmen» liegt darin, günstige motivationale Voraussetzungen für den Unterricht zu schaffen:

- Die Begrüßung ist freundlich.
- Wir erkundigen uns nach der Befindlichkeit und Stimmung der Lernenden.
- Der informierende Unterrichtseinstieg ist transparent.
- Bedeutung der Inhalte und didaktisches Vorgehen werden verständlich dargestellt und begründet.
- Die Inhalte werden in der Lebenswelt der Lernenden verankert.

Dabei wird ein reziproker Effekt erzielt: Lehrperson und Lernende stimmen ihren Umgangs- und Unterrichtston aufeinander ab. Unterrichten ist Beziehungsarbeit, und Motivation ist unter anderem auch abhängig vom Unterrichtsklima, das durch einen gelungenen Unterrichtseinstieg in günstige Bahnen gelenkt werden kann. Lernende sollen in dieser Phase das Gefühl entwickeln, dass sie im Unterricht willkommen sind und dass die Unterrichtsinhalte in Bezug stehen zu ihrer Arbeits- und Lebenswelt.

Analog wird auch ein autonomer, «selbstgesteuerter» Lerner sich zunächst auf Lernen einstimmen, sich seiner Motivation vergewissern und einen emotionalen Bezug zu seinem Gegenstand herstellen. Genau dies wird in der Einstiegsphase von Unterricht immer wieder demonstriert, erfahren und eingeübt.

Metakognitive Strategien

Die Lehrperson zeigt, dass sie den Unterricht sorgfältig geplant und sich auf das Unterrichtsgeschehen eingestellt hat. Die Lernenden machen sich für die Lehr-Lern-Veranstaltung bereit, indem sie ihr persönliches Arbeitsmaterial und die Unterrichtsmittel bereitlegen. Sie stellen sich darauf ein, die neu zu erwerbenden Ressourcen mit dem bereits Vorhandenen in Verbindung zu bringen. Sie überlegen vielleicht auch, in welcher Phase des Unterrichts sie sich vermutlich besonders anstrengen müssen, während sie in anderen Phasen gelassener an die Arbeit gehen können.

Kognitive Strategien

Der informierende Unterrichtseinstieg oder Methoden wie Blitzlicht, Kugellager und Wissenspool (Erklärung dazu weiter unten) bilden die erste Annäherung an das Thema und helfen, die entsprechenden Inhalte im Langzeitgedächtnis zu aktivieren; sie tragen ferner dazu bei, Strukturen aufzubauen, die die Integration des neuen Wissens unterstützen.

2.1.3 Die Außensicht – Arbeitsweisen und Methoden

Es ist Aufgabe der Lehrperson, einen stimmigen Anfangs- und Schlusspunkt des Unterrichts zu gestalten. Dem ersten **A** – und natürlich auch dem letzten **A** – von AVIVA kommt deshalb auch im schulischen Setting eine besondere Rolle zu. Die Lehrperson setzt Körperhaltung und Stimme bewusst ein und verfügt über ein breites Repertoire an nonverbalen und verbalen Ausdrucksmöglichkeiten, das sie situationsgerecht einbringt. Sie setzt mit ihrer formellen Präsenz Signale, die von den Lernenden wahrgenommen und entsprechend interpretiert werden können.

Ankommen	Die Lehrperson begrüßt die Lernenden vor Beginn der Stunde, führt Gespräche mit einzelnen Lernenden, zeigt sich offen und humorvoll. Die Lernenden begrüßen sich gegenseitig, richten den Arbeitsraum ein, tauschen sich über gemeinsame Themen aus und setzen sich mit den Lernpartnern und -partnerinnen zusammen.

PHASE	DIREKTES VORGEHEN	INDIREKTES VORGEHEN
Einstimmen	Ablauf, Programm und Lernziele werden bekannt gegeben. Die Lehrperson gibt die Struktur vor. - Informierender Unterrichtseinstieg	Eine offene Fragestellung oder ein Problem wird eingebracht und diskutiert. Die Lernenden bestimmen Ziele und Vorgehen weitgehend selbst. - Blitzlicht - Kugellager - Wissenspool

Tabelle 3: Übersicht direktes und indirektes Vorgehen in der Phase «Ankommen und einstimmen»

Wie Anfangssituationen zu Schuljahres- und Semesterbeginn gestaltet werden können, haben wir andernorts dargelegt (Städeli, Pfiffner, Sterel & Caduff, 2019). Aus diesem Grund führen wir in der Phase «Ankommen und einstimmen» keine Methoden zum Bereich «Sich vorstellen und kennenlernen» auf.

Methode zum direkten Vorgehen

Informierender Unterrichtseinstieg

Beim informierenden Unterrichtseinstieg, der beispielsweise an der Tafel, auf Flipchart oder mit dem Projektor visualisiert wird, gibt die Lehrperson den Lernenden eine Übersicht zum Unterricht. Aufgeführt werden neben dem Thema die wesentlichen Lernziele und die Arbeitsschritte mit den Zeitvorgaben. Der informierende Unterrichtseinstieg hat verschiedene Funktionen:

Er ist ein Skript, das die Lernenden auf das einstimmt, was in der Lehr-Lern-Veranstaltung voraussichtlich geschehen wird, und dass damit im Langzeitgedächtnis die entsprechenden Inhalte weckt.

Er dient den Lernenden während des Unterrichts als Orientierungshilfe. Sie ersehen daraus, was schon bearbeitet wurde und was noch bevorsteht.

Er dient Lehrpersonen und Lernenden am Schluss der Lehr-Lern-Veranstaltung zur Kontrolle, was in der zur Verfügung stehenden Zeit bearbeitet wurde und was in einer nächsten Stunde noch einmal aufgegriffen werden muss. Der informierende Unterrichtseinstieg ist somit Ausgangspunkt für die Nachbereitung des Unterrichts durch die Lehrperson.

Methoden zum indirekten Vorgehen

Blitzlicht

Die Lernenden setzen sich in Kleingruppen zusammen und äußern sich kurz – mit einem Satz oder wenigen Sätzen – zu einem klar eingegrenzten Thema. Im Anschluss an die erste Runde können die Beiträge diskutiert sowie weiterführende Ideen und Gedanken entwickelt werden.

Kugellager

Die Lernenden haben zuhause einen Text bearbeitet und dazu verschiedene Fragen beantwortet. Sie stellen sich nun in einem Innen- und einem Außenkreis gegenüber, sodass alle eine Gesprächspartnerin oder einen -partner haben. Die Fragen werden nach einem vorher festgelegten Rhythmus miteinander besprochen. Auf ein vereinbartes Zeichen hin drehen Innen- und Außenkreis in gegensätzlicher Richtung einen Platz weiter. Es kommen neue Paare zustande, um weitere Fragen zu besprechen.

Wissenspool

Die Lernenden setzen sich in Kleingruppen um einen Tisch zusammen. Ihnen wird ein Begriff vorgelegt mit einer konkreten Fragestellung wie «Was verbinden Sie mit xy?» oder «Was fällt Ihnen dazu ein?». Alle Lernenden erhalten drei Blätter, auf denen sie spontan ihre Ideen niederschreiben. Die Blätter werden dann auf dem Tisch ausgelegt und kommentiert.

BEDEUTUNG	STRATEGIEN UND RESSOURCEN	METHODEN
Die Unterrichtsvorbereitung transparent machen und erste Erwartungen formulieren.	- Arbeits- und Lernmaterial bereitlegen und Kontakt mit den anderen Lernenden aufnehmen. - Sich von der individuellen Alltagswelt verabschieden und sich auf die Welt des Unterrichts und Lernens einstellen. - Vorstellungen aufbauen, welche Inhalte die Lehrperson vorgesehen hat. - Sich bewusst sein, dass das Lernen eine möglichst günstige emotionale Basis braucht. - Konzentration als unabdingbare Voraussetzung für das Lernen aufbauen. - Die visualisierte Struktur als Wegweiser und «roten Faden» durch den Unterricht nutzen.	Direktes Vorgehen: - Informierender Unterrichtseinstieg
Erste inhaltliche Annäherung an das Thema, sich mit anderen Lernenden auf das Lernen einstimmen.	- Sich zu inhaltlichen Fragen mit anderen Lernenden austauschen. - Erste Fragen zum Thema formulieren und mit den Erfahrungen der anderen Lernenden verknüpfen. - Die subjektive Bedeutung und den Sinn des Themas erfassen – Bezug zur Lebenswelt herstellen.	Indirektes Vorgehen: - Blitzlicht - Kugellager - Wissenspool

Tabelle 4: Übersicht Phase «Ankommen und einstimmen»

2.2 Vorwissen aktivieren

Neues Wissen wird dann verstanden, nachhaltig gespeichert und angewendet, wenn es sich mit bestehendem Wissen verknüpfen lässt. Angesichts dieser simplen Erkenntnis stehen Lehrpersonen vor dem Problem, wie die unterschiedlichen Vorwissensbestände der Lernenden gezielt aktiviert und wie gleichzeitig Fehlkonzepte korrigiert oder ganz vermieden werden können. Die Lernenden ihrerseits müssen immer besser in der Lage sein, unabhängig von der Instruktion durch die Lehrperson beim Einstieg in ein neues Thema selbstständig ihr Vorwissen zu aktivieren.

2.2.1 Bedeutung

Unterricht findet nicht auf einer grünen Wiese statt. Die Lernenden sind keine unbeschriebenen Blätter; sie verfügen über Vorwissen, das in Bezug auf Inhalt, Bewusstheit, Repräsentationsform, sachliche Richtigkeit, Umfang und Handlungsrelevanz sehr unterschiedlich sein kann. Einer konstruktivistischen Auffassung von Lernen zufolge werden aber Unterrichtsinhalte von den Lernenden entweder an ihr Vorwissen angepasst (Assimilation) oder die Unterrichtsinhalte werden als mit dem Vorwissen unvereinbar empfunden. Solche Diskrepanzen erzeugen einen «kognitiven Konflikt», der sich als (Lern-)Widerstand äußern kann, bis die Lernenden selbst in der Lage sind, ihre Vorwissensbestände anzugleichen (Akkommodation).

Wissensbestände können mehr oder weniger bewusstseinsnah sein, entsprechend lassen sie sich mehr oder weniger leicht in Worte fassen. Bei Begriffen, Fakten, Symbolen, Konzepten und Prinzipien handelt es sich um deklaratives Wissen; es ist meist in assoziativen Netzwerken gespeichert und lässt sich mit einiger Anlaufzeit verbalisieren. Handlungswissen hingegen (beherrschte Fertigkeiten) ist meist wenig bewusst in Form von (Handlungs-)Abläufen gespeichert, die unter bestimmten Voraussetzungen aktiviert werden. Handlungswissen ist also meistens implizit; es kann nur durch verbale Beschreibung (wieder) ins Bewusstsein gehoben und explizit gemacht werden.

Von einer sorgfältigen Abklärung der Vorwissensbestände hängt unter anderem der zeitliche Umfang der 3. Phase nach dem AVIVA-Modell («Informieren») ab. Wenn es zu Überschneidungen kommt, hat dies oft Auswirkungen auf die Motivation der Lernenden: Sie schätzen es in der Regel nicht besonders, wenn sie immer wieder beim vermeintlichen Punkt null mit dem Wissensaufbau beginnen müssen.

Vor diesem Hintergrund stellen wir uns die folgenden Fragen:
- Wie können Lehrpersonen das Vorwissen der Lernenden aktivieren?
- Mit welchen Methoden lässt sich das Vorwissen «sichtbar» und damit für den Unterricht nutzbar machen?
- Welche Methoden eignen sich, um wenig bewusstes Vorwissen verfügbar, implizites Wissen explizit zu machen?

2.2.2 Die Innensicht – Ressourcen und Strategien

Motivationale Strategien

Motivationale Aspekte sind auch in dieser Phase zentral. Einerseits geht es darum, die Lernenden erfahren zu lassen, dass sie zu einem Unterrichtsthema schon wertvolles Vorwissen mitbringen und damit ihr Kompetenzgefühl zu stärken. Anderseits knüpfen wir damit bewusst an ihre Berufs- oder Alltagserfahrungen an, machen so die Relevanz und Nützlichkeit der zu bearbeitenden Inhalte plausibel und bereiten den Transfer vor.

Metakognitive Strategien

Vorwissen aktivieren heißt für die Lernenden unter anderem, ihre Beziehung zum Unterrichtsgegenstand zu klären. Es gilt, sich der eigenen emotionalen Gestimmtheit bewusst zu werden und sie in günstige Bahnen zu lenken, positive Gefühle wahrzunehmen und dafür zu sorgen, dass Lerninhalte nicht unterschätzt werden, aber auch negative Gefühle anzuerkennen und dafür zu sorgen, dass sie die Arbeitsfähigkeit nicht zu stark beeinträchtigen (Emotionsregelung). Nicht zuletzt gilt es, die Komplexität und den Schwierigkeitsgrad eines Unterrichtsgegenstandes einzuschätzen (Antizipation), um später die angemessenen Lern-, Problemlöse- und Arbeitsstrategien aktivieren zu können.

Kognitive Strategien

Mit den Methoden der Vorwissensaktivierung werden Inhalte des Langzeitgedächtnisses aktiviert und ins Arbeitsgedächtnis (Kurzzeitgedächtnis) geholt (Büchel & Büchel, 2010, S. 16). Die im Folgenden dargestellten Methoden erlauben auf unterschiedliche Weise, implizite und explizite, das heißt wenig bewusste oder bewusstseinsnähere Inhalte des Langzeitgedächtnisses zu aktivieren, um sie anschließend mit den neuen Informationen zu vergleichen und die Anschlussfähigkeit oder Andersartigkeit dieser Inhalte festzustellen.

2.2.3 Die Außensicht – Arbeitsweisen und Methoden

In dieser Phase unterscheiden wir zwei verschiedene Arbeitsweisen: die geschlossene beziehungsweise fokussierte oder die offene Vorwissensaktivierung. Die einzelnen Formen haben wir dem direkten oder dem indirekten Vorgehen zugewiesen. Je nach Instruktion der Lehrperson können die entsprechenden Formen auch auf eine andere Art zugewiesen werden.

PHASE	DIREKTES VORGEHEN	INDIREKTES VORGEHEN
Vorwissen aktivieren	Die Lernenden aktivieren ihr Vorwissen unter Anleitung und strukturiert durch die Methoden der Lehrperson. - *Advance Organizer* - Fragen stellen - Erfahrungen berichten - Brainstorming	Die Lernenden aktivieren das Vorwissen selbstständig. - Mappingtechniken - Flexibles Modellieren (Flemo)

Tabelle 5: Übersicht direktes und indirektes Vorgehen in der Phase «Vorwissen aktivieren»

Methoden zum direkten Vorgehen

Advance Organizer

Der *Advance Organizer* ist eine Darstellung, die einen gerafften Überblick über den Unterrichtsinhalt liefert (Büchel & Büchel, 2010, S. 15–20). Anhand dieser Informationen können die Lernenden schnell erfassen, welches Vorwissen sie aktivieren müssen, um den Stoff möglichst effizient zu bearbeiten. Die Vorstrukturierung muss auf einer logisch höheren Ebene stattfinden als die anschließende Präsentation des Stoffes. Es werden Ziele bekannt gegeben, Strukturen dargestellt und Methoden vorgeschlagen, um das Thema in einen weiteren Kontext zu stellen. Damit wird einerseits das Vorwissen der Lernenden aktiviert, andererseits bereits eine Struktur vorgegeben, in die das zu erarbeitende Wissen eingebaut werden kann. Folgende Darstellung zeigt eine Strukturskizze zum Thema «Elektrische Anlage bei Fahrzeugen mit Benzinmotor»:

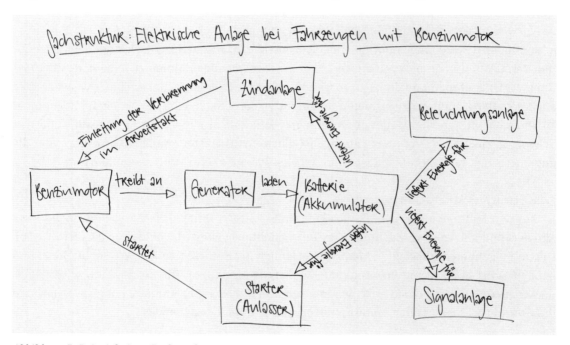

Abbildung 5: Beispiel einer Sachstruktur

Fragen stellen

Wenn der Unterrichtsgegenstand in der Lebenswelt der Lernenden verankert ist, können wir grundsätzlich davon ausgehen, dass sie für das Thema ein gewisses Interesse aufbringen. Wenn wir sie fragen, was sie am Thema interessiert, oder wenn wir sie auffordern, Fragen zum Unterrichtsgegenstand zu stellen, erfahren wir nicht nur, welches Vorwissen sie mitbringen, sondern gewinnen auch für die Unterrichtsplanung wesentliche Erkenntnisse (→ Informieren, Seite 31).

Erfahrungen berichten

Erfahrungen sind als «Episoden», als ganzheitliche Erlebnisse gespeichert (situatives, episodisches Wissen); in unseren Erfahrungen ist in enger Verbindung von Emotionen (Gefühle) und Kognition (Inhalte) unser Selbst begründet. Erfahrungen tauchen als ungeordnete Ganzheit aus unserem Langzeitgedächtnis auf. Darüber berichten heißt, die Erlebnisse in Worte (Begriffe) zu fassen. Damit werden die Inhalte im Arbeitsgedächtnis (Kurzzeitgedächtnis) für die weitere Verarbeitung verfügbar.

Brainstorming

Zwei Phasen sind hier zu unterscheiden. In Phase I gilt es, möglichst viele Ideen zu einem Thema oder Problem zu finden. Dabei gelten die folgenden Regeln: Je kühner und fantasievoller die Ideen, desto besser. Es ist erlaubt, bereits geäußerte Ideen zu kombinieren, aufzugreifen und zu verändern. Kommentare, Korrekturen und Kritik sind nicht gestattet. Die Ideen müssen in kürzester Zeit generiert werden. Freies Assoziieren und Fantasieren ist ausdrücklich erwünscht. Eine Person protokolliert die Ideen. In Phase II werden diese von den Teilnehmenden geordnet (thematische Zugehörigkeit) und bewertet (problemferne Ideen werden ausgeschlossen).

Das Brainstorming kann mit dem Brainwriting kombiniert werden, bei dem die Teilnehmenden zunächst in aller Ruhe Ideen generieren und niederschreiben, bevor sie sich mündlich äußern.

Methoden zum indirekten Vorgehen

Mappingtechniken

Maps sind zweidimensionale Visualisierungen der Struktur von Inhalten, Informationen und Sachverhalten. Die Art der Darstellung (Organisation und Repräsentation) gibt Aufschluss über die inhaltliche Bedeutung der dargestellten Sachverhalte. Wir nennen hier zwei unterschiedliche Mappingtechniken:

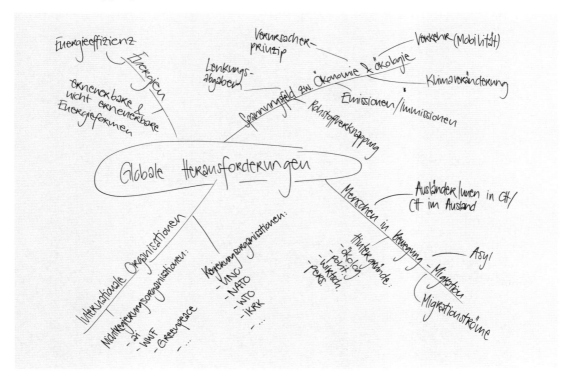

Abbildung 6: Beispiel für eine Mindmap

Mindmap: Bei der Mindmap werden, ausgehend von einem zentralen Begriff, die Hauptideen auf je einem Ast und die zugehörigen Ideen auf Nebenästen dargestellt. Das Wissen wird dabei in hierarchisch strukturierter Form visualisiert. Mindmaps können handschriftlich oder mit entsprechenden Programmen auf dem PC gezeichnet werden. Im Laufe des weiteren Lernprozesses kann neu erworbenes Wissen allmählich in die Darstellung einbezogen werden.

Das AVIVA-Modell: Phase für Phase

Conceptmap: Eine Conceptmap stellt die zentralen Konzepte und Begriffe zu einem Thema dar. Verbindungslinien markieren die inhaltlichen Beziehungen zwischen den Begriffen und Konzepten. So werden übergeordnete Zusammenhänge deutlich. Auch zur Conceptmap gibt es entsprechende Software.

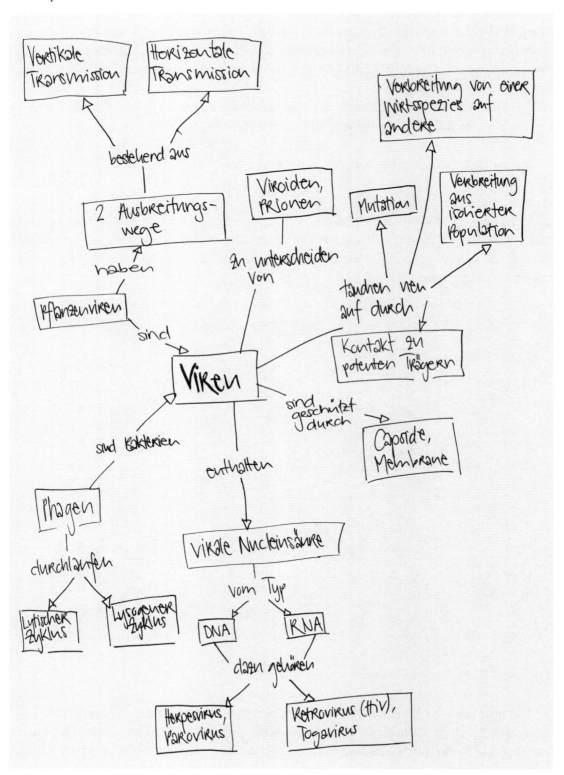

Abbildung 7: Beispiel für eine Conceptmap

Mit der Anwendung von Mappingtechniken wird Wissen strukturiert und im Zusammenhang dargestellt. Diese visuellen Darstellungsformen verbessern die Verarbeitungstiefe und tragen dazu bei, dass Lernende Konzepte aufbauen und verankern können.

Flexibles Modellieren – Flemo

Durch das Flexible Modellieren lassen sich verschiedene Arten der Vorwissensaktivierung miteinander kombinieren. Auf diese Weise können wir eine Brücke zur anschließenden Phase «Informieren» schlagen. Mithilfe dreidimensionaler Gegenstände und Symbole wird bei dieser Methode das Vorwissen bildhaft dargestellt; es werden Begriffe eingeführt, Zusammenhänge und Abläufe sichtbar gemacht. Im Gegensatz zu zeichnerischen Darstellungen lassen sich die Bilder jederzeit verändern, umstellen und ergänzen.

Wenn das Verfahren in Partner- oder Gruppenarbeit angewendet wird, entsteht in kurzer Zeit eine sozial konstruierte Wirklichkeit, die es der Lehrperson erlaubt einzuschätzen, welcher Stoff noch zu vermitteln ist beziehungsweise welche Fehlkonzepte es zu berichtigen gilt.

BEDEUTUNG	STRATEGIEN UND RESSOURCEN	METHODEN
Die aktuellen Wissensbestände der Lernenden ins Bewusstsein rücken. Bestehende assoziative Netzwerke durch Fragen offenlegen.	- Die Lernenden erfahren lassen, dass sie bereits Vorwissen mitbringen und damit ihr Kompetenzgefühl steigern. - Vorwissen aktivieren und mit der vorgegebenen Struktur in Beziehung setzen. - Komplexität des Unterrichtsgegenstands einschätzen. - Fragen als bedeutsam erkennen und assoziativ nach Wissensbeständen suchen, die für die Beantwortung der Fragen dienlich sind. - Verbalisieren, mit welchen deklarativen Wissensbeständen das Thema im persönlichen Wissensnetz verbunden ist.	Direktes Vorgehen: - *Advance Organizer* - Fragen stellen - Erfahrungen berichten - Brainstorming
Implizites Handlungswissen durch verbale Beschreibungen ins Bewusstsein rücken.	- In Einzel-, Partner- oder Gruppenarbeit die Vorwissensbestände in eine strukturierte, visualisierte Form bringen. - Über Zusammenhänge Verbindungen darstellen.	Indirektes Vorgehen: - Mappingtechniken - Flexibles Modellieren (Flemo)

Tabelle 6: Übersicht Phase «Vorwissen aktivieren»

2.3 Informieren

Die Lernenden wissen, welche Ziele im Unterricht verfolgt werden, und haben sich zu einem bestimmten Thema ihre ganz persönlichen Vorstellungen und Bilder gemacht. In der nächsten Phase geht es darum, dass die Lehrperson dort ansetzt, wo die Lernenden stehen und gezielt über das Thema informiert (direktes Vorgehen) oder die Lernenden bei der Suche nach Informationen unterstützt (indirektes Vorgehen).

2.3.1 Bedeutung

«Vorwissen aktivieren» und «Informieren» sind miteinander verbunden. Schon bei der Planung des Unterrichts ist die Lehrperson sich darüber im Klaren, dass sie nicht einfach ein vorbereitetes Referat halten kann, ohne Bezüge zu den in der Phase «Vorwissen aktivieren» entwickelten Vorstellungen und Bildern herzustellen. Es kann durchaus vorkommen, dass sie spontan ihren Input vollständig umstrukturieren muss, da bestimmte Ressourcen, auf denen sie aufbauen wollte, noch gar nicht entwickelt sind, oder – der umgekehrte Fall – dass die Lernenden zu einem Thema schon sehr viel fundiertes Wissen und ausgebildete Fertigkeiten mitbringen. Gerade beim indirekten Vorgehen muss sehr genau abgeklärt werden, über welche Ressourcen die Lernenden bereits verfügen, damit selbstständiges Arbeiten möglich wird.

Vor diesem Hintergrund stellen wir uns die folgenden Fragen:
- Was heißt «verständlich informieren»?
- Welche Methoden und Möglichkeiten stehen den Lehrpersonen zur Verfügung?
- Welche Ressourcen der Lernenden werden durch den Einsatz dieser Methoden gezielt aufgebaut und weiterentwickelt, welche Kompetenzen werden dabei gefördert?

2.3.2 Die Innensicht – Strategien und Ressourcen

Motivationale Strategien

Wichtig ist in dieser Phase, dass neues Wissen, das die Lehrperson vermittelt oder das sich die Lernenden selbstständig erarbeiten, anschlussfähig ist. Wissensnetze können nicht in beliebiger Maschengröße geknüpft werden. Um eine «optimale Passung» zu erreichen, muss die Lehrperson beim direkten Vorgehen der Phase «Vorwissen aktivieren» große Aufmerksamkeit schenken; das indirekte Vorgehen fordert von den Lernenden viel Realitätssinn und die Überzeugung, dass Wissen Schritt für Schritt aufgebaut werden muss.

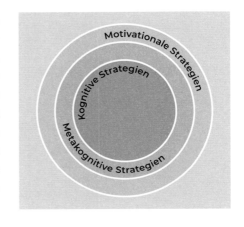

Metakognitive Strategien

Viele der beschriebenen Aktivitäten lassen sich nur realisieren, wenn die Lernenden über bestimmte metakognitive Strategien verfügen – zum Beispiel «Vorausschauen» (im Sinne der Fragen: «Was ist das Ziel?», «Womit beginnt es?», «Was wird jetzt folgen?», «Planen» («Was muss ich tun, damit ich die neuen Informationen aufnehmen kann?»), «Überwachen» («Bin ich noch aufmerksam?», «Habe ich verstanden, was die Lehrperson dargelegt hat?») und «Kontrollieren» («Was weiß ich jetzt mehr als am Anfang der Informationsphase? Was ist mein Lernfortschritt?»).

Kognitive Strategien

Wichtig ist auch beim direkten Vorgehen, dass die Lernenden selbst aktiv werden und bleiben: Sich Notizen machen, eine Skizze oder ein Flussdiagramm anfertigen, dem Referat mit einer Clusterdarstellung folgen, sich selbst Fragen stellen – all das sind kognitive Strategien, die den Wissensaufbau unterstützen.

2.3.3 Die Außensicht – Arbeitsweisen und Methoden

Für die Phase «Information» gibt es eine Vielzahl von Methoden. Die Lehrperson wählt entweder eine Methode, anhand derer sie gezielt über das Thema informiert, oder sie unterstützt die Lernenden bei der Suche nach Informationen, indem sie offene Lehr- und Lernformen zur Verfügung stellt.

PHASE	DIREKTES VORGEHEN	INDIREKTES VORGEHEN
Informieren	Ressourcen werden gemeinsam entwickelt oder erweitert, die Lehrperson gibt dabei den Weg vor. - Referat - Lehrerdemonstration – vormachen - Lerntempo-Duett	Die Lernenden bestimmen selbst, welche Ressourcen sie sich noch aneignen müssen und wie sie konkret vorgehen wollen. - Fallstudien - Erfahrungswerkstatt

Tabelle 7: Übersicht direktes und indirektes Vorgehen in der Phase «Informieren»

Methoden zum direkten Vorgehen

Beim direkten Vorgehen führt die Lehrperson ins neue Thema ein. Sie erklärt verständlich, mithilfe von Bildern oder Tabellen, und gliedert ihre Ausführungen so, dass ein roter Faden sichtbar wird. Sie erklärt den Lernenden beispielsweise, wie man sich Notizen macht. Während des Referats oder der Demonstration achtet sie durch eine verständliche Sprache und klare Gliederung darauf, dass die Lernenden sich tatsächlich erfolgreich Notizen machen können. Durch das bewusste Handeln der Lehrperson erhalten die Lernenden die Möglichkeit, Ressourcen aufzubauen und weiterzuentwickeln. Dies kann allerdings nur systematisch geschehen, wenn die Aktivitäten der Lehrperson und die der Schüler sorgfältig aufeinander abgestimmt sind.

Referat

Die Lehrperson präsentiert den neuen Sachverhalt. Sie erklärt ihn in einer gut verständlichen Sprache, beschränkt sich auf die wesentlichen Punkte und gestaltet das Referat anregend, interessant, abwechslungsreich und persönlich. Die Lernenden erhalten dadurch eine inhaltliche Einführung in ein neues Thema. Die Lehrperson zeigt Zusammenhänge zwischen den neu zu erarbeitenden Begriffen und dem Bekannten auf. Der Lehrervortrag ist in den letzten Jahren immer wieder ins Kreuzfeuer der Kritik geraten. Er verleite die Lernenden zu passivem Lernen, heißt es zum Beispiel.

Ein gut gestaltetes, verständliches und in gemäßigtem Tempo vorgetragenes Referat ist für die Lernenden hingegen eine Bereicherung. Es kann wie folgt aufgebaut werden:
1. Am Anfang steht ein informierender Überblick.
2. Lernziele und Hinweise auf die wichtigsten Zusammenhänge werden dargestellt.
3. Es werden anschlussfähige Inhalte präsentiert.
4. Den Abschluss macht eine Zusammenfassung der wichtigsten Informationen.

Während eines Referats sollten Fragen an die Lernenden – wenn immer möglich – vermieden werden. Im Anschluss an den Vortrag, nach der Zusammenfassung, ist es hingegen angebracht, ihnen verschiedene Fragen als «Scharnierstelle» zur nächsten Phase des AVIVA-Modells vorzulegen.

Über welche Ressourcen müssen die Lernenden verfügen, damit sie sich während des Vortrags Notizen machen können? In einem ersten Schritt müssen den Lernenden die Vorteile bewusst werden: Sie müssen einsehen, warum es sinnvoll ist, sich während eines Vortrags gezielt Notizen zu machen. In einem zweiten Schritt werden die Lernenden auf das Notizenmachen selbst vorbereitet. Sie erhalten von der Lehrperson entsprechende Tipps oder tauschen sich mit den Mitschülerinnen und -schülern über sinnvolle Formen des Notierens aus. Es stellt sich hier auch die Frage, wo notiert werden soll: direkt ins Lehrmittel, auf ein vorstrukturiertes Blatt oder in ein Notizheft? Jetzt folgt die Anwendung. Die Lernenden machen sich zu einem Referat Notizen und versuchen dabei, nur das Wesentliche zu notieren. Das Notizenmachen wird vereinfacht, wenn Abkürzungen, Schreibhilfen und grafische Elemente (Pfeile, Fragezeichen und anderes) verwendet werden. Sinnvoll ist es, während des Referats bereits Ergänzungen und weiterführende Gedanken aufzuschreiben. Im Anschluss an das Notieren erfolgt die Nachbereitung, die allein oder zu zweit stattfinden kann.

Am Beispiel des Notizenmachens wird noch einmal klar, welche Bedeutung dem AVIVA-Modell für die Förderung von Kompetenzen zukommt. Ressourcen können nur dann aufgebaut werden, wenn Lehr- und Schüleraktivitäten aufeinander abgestimmt sind. Die Lehrperson muss in der Phase «Informieren» den Input sorgfältig vorbereitet haben und beim Präsentieren durch eine einfache, verständliche Sprache und gute Gliederung darauf achten, dass die Lernenden überhaupt die Möglichkeit bekommen, Notizen zu machen.

Lehrerdemonstrationen – vormachen

Die Demonstration durch die Lehrperson kommt vor allem dann zum Zug, wenn psychomotorische Abläufe eingeübt werden müssen. Andere Menschen beobachten und ihr Verhalten nachahmen sind aber auch im Alltag wirksame Strategien des Lernens und Denkens.

Ein Vorgehen, das von einem Experten gezeigt wird, kann nicht ohne Weiteres, gleichsam mechanisch, nachvollzogen werden. Die Beobachtenden müssen *erstens* die einzelnen Schritte innerlich mitgehen und *zweitens* die entsprechenden Fertigkeiten entwickeln, damit sie die Handlung nachvollziehen können. Die Lernenden erleben bei der Umsetzung Schwierigkeiten (Lernwiderstände). Sie müssen sich mit den Handlungsabläufen so lange auseinandersetzen, bis sie schließlich ihre eigene Anwendungsmöglichkeit oder Strategie finden. Die Demonstration muss deshalb in kleine Schritte aufgeteilt und mit «lautem Denken» unterstützt werden, damit die Lernenden sie nachvollziehen können.

Lerntempo-Duett

Die Lernenden werden in zwei Gruppen (A und B) eingeteilt, arbeiten sich selbstständig in ein Thema ein und notieren sich ihre Erkenntnisse zum Beispiel in Form einer grafischen Darstellung. Sobald sie mit dem Arbeitsauftrag fertig sind, melden sie sich bei der Lehrperson (Warteschlaufe). Sie reflektieren ihr Lernen und warten ab, bis eine Person aus der anderen Gruppe sich bei der Lehrperson meldet. Die Person aus Gruppe A stellt jetzt jener aus Gruppe B ihre Erkenntnisse vor und umgekehrt. Im Anschluss an die Präsentationen im Tandem können die Lernenden die Quellentexte der jeweils anderen Gruppe bearbeiten.

Methoden zum indirekten Vorgehen

Beim indirekten Vorgehen wählen die Lernenden über weite Strecken selbst, welche Ressourcen sie aktivieren und wo noch Ressourcen entwickelt werden müssen. Die Lehrperson erklärt die Rahmenbedingungen (Zeit, Ort, Medien, Beratung) und gibt vor, wann sie die Lernenden zu einer Besprechung erwartet. Bei kognitiv eher schwächeren Jugendlichen ist es sinnvoll, diese Phasen klar vorzustrukturieren, verschiedene Möglichkeiten zur Informationsbeschaffung zusammenzustellen und auf einem Merkblatt festzuhalten. Die Lehrperson vereinbart mit den Lernenden quantitative und qualitative Ziele für die weitere Arbeit.

Fallstudien

Eine Fallstudie besteht aus einer Mappe im Umfang von mehreren Seiten. Entscheidend ist die vorgegebene Fragestellung, die nicht mit einem einfachen Ja oder Nein beantwortet oder mit einem geläufigen Algorithmus gelöst werden kann. In der Fallstudienmappe finden die Schülerinnen und Schüler alle Informationen in Form von Originaldokumenten. Die Fallstudie ist so angelegt, dass die Schülerinnen und Schüler in vier bis sechs Lektionen zu einer eigenen Lösung oder Entscheidung kommen.

Gearbeitet wird in kleinen Gruppen. Nach einem gründlichen Studium der Fragestellung und des Materials diskutieren die Lernenden miteinander verschiedene Lösungsansätze. Dieses Vorgehen erfordert von ihnen Selbstständigkeit und Teamarbeit. Bei der Durchführung der Fallstudie hält sich die Lehrperson im Hintergrund und hilft nur bei Problemen.

Das Arbeiten mit Fallstudien geht von einem prozessorientierten Ansatz aus. Der Prozess der Entscheidungsfindung, die themenbezogene Diskussion in der Gruppe und die eigenständige Urteilsfindung sind hier wesentliche Bildungsziele.

Erfahrungswerkstatt

Die Lernenden arbeiten allein oder in Kleingruppen an verschiedenen Aufträgen und erarbeiten sich selbstständig neues Wissen und machen dadurch neue Erfahrungen (etwa durch den Einsatz von Experimenten). In den Arbeitsaufträgen bei den einzelnen Posten verweist die Lehrperson auf den Einsatz von Ressourcen, die benötigt werden, um die Aufgabe zu meistern. Die Lehrperson wird hier zur Beraterin, zum Moderator und zur Helferin, die Lernprozesse anregt, indem sie Lernaufgaben, Anschauungsmaterialien und Hilfsmittel für Experimente bereitstellt. Durch das Festlegen von Pflicht- und Wahlaufgaben kann sie den Lernprozess im Hintergrund etwas steuern. Das weitgehend selbstständige Arbeiten der Schülerinnen und Schüler erlaubt ihr eine vertiefte Beobachtung der Klasse und Betreuung Einzelner.

BEDEUTUNG	STRATEGIEN UND RESSOURCEN	METHODEN
Eine «optimale Passung» zwischen Vorwissen und den neuen Wissenselementen angehen. Neues Wissen und Können systematisch aufnehmen und verarbeiten. Neue Informationen im Gedächtnis speichern.	- Struktur des Inputs erfassen und sich erste Vorstellungen zum neuen Inhalt machen. - Einsicht entwickeln, dass Wissen Schritt für Schritt aufgebaut werden kann und muss. - Oberflächen- und Tiefenverarbeitungsstrategien gezielt einsetzen (Seite 18). - Wichtiges von Unwichtigem trennen. - Notizen machen, Skizzen erstellen, Flussdiagramme anfertigen. - Aufmerksamkeit über eine längere Zeitdauer aufrecht halten. - Handlungsabläufe schrittweise nachvollziehen können. - Gezielt metakognitive Strategien wie antizipieren, planen und überwachen anwenden. - Zusammenhänge aufdecken. - Neue Erkenntnisse eigenständig protokollieren und archivieren.	Direktes Vorgehen: - Referat - Lehrerdemonstration – vormachen - Lerntempo-Duett Indirektes Vorgehen: - Fallstudien - Erfahrungswerkstatt

Tabelle 8: Übersicht Phase «Informieren»

2.4 Verarbeiten

In der Phase des Verarbeitens geht es für die Lernenden darum, die neu erworbenen Ressourcen aus der Phase «Informieren» weiter zu verankern. Sie setzen sich in vielfältiger Weise mit den Inhalten auseinander, bearbeiten sie mit verschiedenen Methoden, vertiefen das Gelernte und verknüpfen es fester mit dem bestehenden Wissen. Für diese Phase wird in der Regel ebenso viel Zeit aufgewendet wie für die anderen vier Phasen zusammen.

2.4.1 Bedeutung

Die Verarbeitungsphase hat verschiedene Funktionen: Erstens verarbeiten die Lernenden selbstständig oder unter Anleitung der Lehrperson die in der Phase «Informieren» neu erworbenen Inhalte. Sie erschließen für sich dadurch den Sinnzusammenhang und erkennen, wie und wo die neuen Wissensstrukturen zu verorten sind. Zweitens wenden sie verschiedene Arbeitstechniken und Ressourcen an, um sich mit dem Thema vertrauter zu machen. In dieser Phase können sie Ressourcen gezielt nutzen, also kompetent handeln. Und drittens haben sie in dieser Phase die Möglichkeit, in Tandems oder in Gruppen zu arbeiten. Sie lernen dadurch, sich untereinander zu verständigen. Dabei werden einerseits soziale und kommunikative Kompetenzen gefördert und gefestigt, andererseits profitieren die Lernenden vom Strategierepertoire der Mitlernenden.

Vor diesem Hintergrund stellen wir uns die folgenden Fragen:
- Welche Möglichkeiten gibt es, Lernende dazu anzuregen, neu erworbenes Wissen selbstständig oder unter Anleitung zu verarbeiten?
- Welche Methoden stehen den Lernenden zur Verfügung, ihr Wissen und Können gut zu verarbeiten, zu vertiefen, zu üben und anzuwenden?
- Welche Ressourcen der Lernenden werden durch den Einsatz dieser Methoden gezielt aufgebaut, weiterentwickelt oder gefestigt; welche Kompetenzen werden dabei gefördert?

2.4.2 Die Innensicht – Ressourcen und Strategien

Motivationale Strategien

In der Phase des Verarbeitens wird die unterschiedliche motivationale Lage der Lernenden besonders deutlich. Lernende, die den Stoff beherrschen wollen und für die eine gute Leistung ein wesentliches Ziel ist, werden verstärkt indirekt arbeiten können und wollen; sie brauchen mehr Handlungsspielraum, um ihre Kompetenzen weitgehend selbstgesteuert auszutesten und zu erweitern.

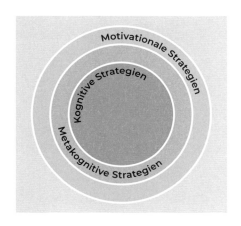

Lernende, deren Selbstwirksamkeit und Strategierepertoire geringer sind und die sich primär an Vermeidung orientieren, benötigen zunächst eine engere Führung durch die Arbeitsaufträge der Lehrperson; sie sind auf mehr Hilfe und Begleitung angewiesen, um die Arbeitsaufträge mit Gewinn zu bearbeiten. Wichtig ist allerdings, dass die Lehrperson ihre Unterstützung allmählich zurücknimmt, damit auch solche Lernende nach und nach die Überzeugung aufbauen, dass sie ein Ziel auch aus eigener Kraft erreichen können.

Metakognitive Strategien

Leistungsstärkere Lernende wenden ihr Repertoire an metakognitiven Strategien spontan an, ohne dass die Lehrperson dabei viel unterstützen müsste. Leistungsschwächere Lernende brauchen hingegen eine engere Begleitung. Die Zielsetzung und Planung müssen zu Beginn unter Anleitung der Lehrperson erfolgen oder von ihr explizit eingefordert werden. Es müssen Meilensteine definiert und Kriterien benannt werden, die es den Lernenden erlauben, die Qualität der Arbeitsschritte selbst zu kontrollieren. Abschließend müssen die Lernenden zur Selbstkontrolle des Arbeitsergebnisses angehalten werden, bevor die Lehrperson sich einschaltet.

Kognitive Strategien

Wenn die vorgelegten Lernaufgaben für die meisten Lernenden in der «Zone der nächsten Entwicklung» liegen (Vygotsky, 1978), sollten Strategierepertoire und Ressourcen der Lernenden ausreichen, um die vorgegebenen oder selbstdefinierten Arbeitsaufgaben möglichst selbstständig zu bearbeiten. Die Lehrperson drängt sich nicht auf, sondern bietet dort punktuelle Unterstützung, wo die Lernenden solche Unterstützung anfordern. Bei leistungsschwächeren Lernenden muss die Lehrperson sich vergewissern, ob das Vorgehen der Lernenden zum Ziel führen wird. Sie nimmt Umwege der Lernenden in Kauf, weil sie weiß, dass auch sie wichtige Lernprozesse auslösen können. So führt sie die Lernenden Schritt für Schritt zu selbstständigerem Arbeiten.

2.4.3 Die Außensicht – Arbeitsweisen und Methoden

In der Verarbeitungsphase wählt die Lehrperson bewusst verschiedene methodische Zugänge, die bei den Lernenden verschiedene Sinne ansprechen, und sich keinesfalls ausschließlich auf «Papier-und-Bleistift-Aufträge» beschränken.

PHASE	DIREKTES VORGEHEN	INDIREKTES VORGEHEN
Verarbeiten	Aktiver Umgang der Lernenden mit den vorgegebenen Ressourcen: verarbeiten, vertiefen, anwenden, üben, konsolidieren. - Einzelarbeit - Gruppenarbeit - Pro und Kontra	Aktiver Umgang der Lernenden mit den vorgegebenen Ressourcen: verarbeiten, vertiefen, anwenden, üben, konsolidieren. - Übungswerkstatt - Lernplakat

Tabelle 9: Übersicht direktes und indirektes Vorgehen in der Phase «Verarbeiten»

Methoden zum direkten Vorgehen

Einzelarbeit
Die Lehrperson erteilt einen Arbeitsauftrag, bei dem es darum geht, die erarbeiteten Ressourcen anzuwenden, zu vertiefen und zu sichern. Sie kann dabei verschiedene Prinzipien der Differenzierung anwenden: unterschiedliches Anspruchsniveau und angepasster Schwierigkeitsgrad, Umfang und Qualität der Beratung differenzieren, unterschiedliche Medien und Arbeitsmaterialien vorgeben oder in einen Pflicht- und Wahlbereich unterteilen. Die Lernenden müssen in der Lage sein, einen Arbeitsauftrag zu verstehen und aus den Informationsquellen das Wesentliche zu erfassen. Sie können nicht gleichzeitig beliebig viele Dinge wahrnehmen und verarbeiten. Ihre Gedanken, Sinne und Gefühle müssen sie auf das Wesentliche lenken; sie müssen sich also auf die gestellte Aufgabe konzentrieren können.

Die Aufgaben werden nach einer bestimmten Zeit im Klassenverband ausgewertet, indem die Lehrperson beispielsweise einzelne Lernende dazu auffordert, ihr Resultat zu präsentieren und ihren Lösungsweg zu beschreiben. Oder sie präsentiert selbst die richtigen Lösungen, und die Lernenden kontrollieren dabei ihre eigenen Lösungen. Wenn die Lernenden nicht alle Aufgaben während des Unterrichts erarbeiten konnten, haben sie die Möglichkeit, sie zu Hause nochmals durchzugehen oder die noch nicht bearbeiteten Aufträge als Hausaufgaben zu lösen.

Die Einzelarbeit ist in den letzten Jahren etwas in Verruf geraten mit der Begründung, das Lernen in sozial-kommunikativen Settings sei nachhaltiger als das Lernen für sich allein. Solange jedoch auch die schriftlichen Prüfungen am Ende einer Unterrichtseinheit in Einzelarbeit durchgeführt werden, ist es die Aufgabe der Lehrperson, das selbstständige Lernen in Form von Einzelarbeit immer wieder gezielt anzugehen und den Lernenden Gelegenheit zum Aufbau der nötigen Ressourcen zu bieten, damit sie auch in Zukunft diese doch alltäglichen Situationen gut meistern können. Hausaufgaben müssen meist in Einzelarbeit erledigt werden – viele Lernende sind dabei auf sich allein gestellt, weil das soziale Umfeld keine Unterstützung anbietet. Und auch im späteren Leben ist es oft so, dass man beim Lernen ohne fremde Hilfe auskommen muss.

Gruppenarbeit

Die Klasse wird in Gruppen eingeteilt. Die Lehrperson erteilt Arbeitsaufträge, die in den Gruppen selbstständig bearbeitet werden. Bei Bedarf steht sie für klärende Fragen zur Verfügung. Eine Gruppenarbeit ist dann erfolgreich, wenn für die Lernenden die Ziele nachvollziehbar sind, die Regeln für das Zusammenarbeiten in der Gruppe allen bekannt sind und die Lernenden genau im Bild sind, in welcher Form Produkt und Prozess ausgewertet werden. Die Lernenden müssen über Ressourcen im Bereich der Kommunikationstechniken verfügen wie aktives Zuhören, Ich-Botschaften formulieren und Feedback geben und empfangen. Sie müssen ferner in der Lage sein, den Arbeitsprozess für Gruppenarbeiten fortlaufend zu planen und den Verlauf und die Ergebnisse zu kontrollieren.

Pro und Kontra

Die Lehrperson fordert die Lernenden auf, zu einem aktuellen Thema Argumente zu sammeln, diese zu gruppieren und so vorzubereiten, dass ein Gruppenmitglied den gemeinsam erarbeiteten Standpunkt so gut wie möglich in einem Streitgespräch vertreten kann. Die Lernenden müssen die Sachlage analysieren, gemeinsam Argumente suchen und entscheiden, wer was im Streitgespräch einbringt, sowie Probleme analysieren und Entscheidungen treffen. Zudem müssen sie wissen, wie in einem Team gearbeitet wird.

Methoden zum indirekten Vorgehen

Übungswerkstatt

Unsere «Werkstatt» orientiert sich am Bild eines Handwerksateliers: Es wird gearbeitet, aber nicht am Fließband. An der einen Werkbank arbeitet ein Handwerker allein, an der andern welche zu dritt, und der Meister arbeitet nicht überall mit. Analog werden im Klassenzimmer verschiedene Posten aufgebaut, wo Aufträge und Arbeitsmaterialien zu finden sind, an denen mehrere Lernende arbeiten können. Die Aufträge sind so konzipiert, dass sie sich im Selbststudium lösen lassen. Den Arbeitsrhythmus bestimmen die Lernenden weitgehend selbst. Im Wahlbereich können sie individuelle Schwerpunkte setzen. Das Konzept des Werkstattunterrichts lässt eine Individualisierung des Lernens zu. Die Lernenden können über weite Strecken bestimmen, mit wem sie wie arbeiten möchten.

Um im Werkstattunterricht zu lernen, müssen die Lernenden alle Ressourcen, die bei der Einzel- und Gruppenarbeit aufgeführt sind, gezielt einsetzen. Ergänzend sind im Werkstattunterricht folgende Ressourcen zu aktivieren: sich Ziele setzen und Prioritäten bestimmen; das Arbeiten planen, Entscheidungen treffen und mit Zeitplänen umgehen; sich selbst motivieren und Erfolgserlebnisse schaffen; Hilfe suchen und annehmen, wenn Probleme anstehen, die nicht allein gelöst werden können; Termine einhalten; das eigene Verstehen und Können immer wieder einschätzen und kontrollieren; die erstellten Notizen überarbeiten, nachbereiten und strukturieren.

Der Werkstattunterricht gehört zu den methodischen Großformen, die sich aus verschiedenen kleineren Formen zusammensetzen. Beim Werkstattunterricht müssen die Lernenden in der Lage sein, Ressourcen in ganz unterschiedlichen Situationen gezielt einzusetzen.

Lernplakat

Die Lernenden erhalten ein Flipchart-Blatt und skizzieren darauf eine Struktur des Themas. Sie führen auf dem Blatt Begriffe und Merksätze auf, die sie in der Phase «Informieren» aufgenommen haben. Mithilfe von Symbolen werden die Bereiche gekennzeichnet, die noch ungenügend beherrscht werden oder wo noch dringend die elementaren Zusammenhänge erarbeitet werden müssen. Die Landkarte in Form eines Lernplakats verändert sich immer wieder, da neue Zusammenhänge oder Beispiele aus der Praxis direkt auf das Blatt geschrieben und durch individuelle Kommentare ergänzt werden oder weil das, was bereits beherrscht wird, abgehakt werden kann.

BEDEUTUNG	STRATEGIEN UND RESSOURCEN	METHODEN
Das neue Wissen selbstständig verarbeiten und dabei gezielt Arbeitstechniken und Ressourcen einsetzen. Neue Informationen systematisch im Langzeitgedächtnis ablegen beziehungsweise speichern können. Formen des kooperativen Lernens erleben und optimieren. Formen des selbstständigen Lernens erleben und kultivieren.	- Arbeitsaufträge dekodieren und aus den vorgegebenen Informationsquellen das Wesentliche erfassen können. - Das eigene Verstehen und Können kontrollieren und den ganzen Lernprozess selbst lenken. - Anstrengungsbereitschaft entwickeln. - Überzeugung aufbauen, dass sich ein Ziel aus eigener Kraft erreichen lässt. - Probleme eigenständig analysieren und Entscheidungen treffen. - Ziele setzen, die Arbeit planen und Zeit richtig einteilen können. - Handlungsspielräume nutzen können und sich darin zurechtfinden; den gesamten Lernprozess selbst steuern können. - Ergebnisse überzeugend präsentieren können. - Eigenständig Kriterien für die Evaluation festlegen. - Qualität der Arbeit selbst kontrollieren.	Direktes Vorgehen: - Einzelarbeit - Gruppenarbeit - Pro und Kontra Indirektes Vorgehen: - Fallstudien - Erfahrungswerkstatt

Tabelle 10: Übersicht Phase «Verarbeiten»

2.5 Auswerten

In der Auswertungsphase halten Lehrende und Lernende Rückschau: Die ersten vier Phasen werden innerlich noch einmal nachvollzogen und hinterfragt. Es ist für alle Beteiligten wichtig, eine Lernphase abzuschließen und zu einem Ende zu bringen, um dann wieder etwas Neues in Angriff zu nehmen. Zum Rückblick gehört auch der Ausblick: Wie wird es weitergehen? Auf welche Fragen werden wir zurückkommen?

2.5.1 Bedeutung

Nach einer Lektion, einem Block von mehreren Lektionen oder am Ende eines Themas (20 bis 30 Lektionen) möchten die Lernenden eine abschließende Rückmeldung; sie wollen in Erfahrung bringen, wie gut sie die Inhalte beherrschen, welche Fortschritte sie konkret beim Einsatz von Ressourcen erzielt haben und wo sie innerhalb der Klasse stehen, wie ihre Kompetenz einzuschätzen ist. Eine differenzierte Rückmeldung durch die Lehrperson ist an diesem Punkt zentral. Die Lernenden müssen aber auch selbst Instrumente kennen und anwenden, die ihnen zeigen, wie gut sie die Ziele erreicht haben. «Was haben wir wozu, womit und wann bei diesem Thema geleistet?» – Fragen wie diese stehen in der Phase der Auswertung im Zentrum. Systematische Anleitung zur Selbstkontrolle der Arbeitsergebnisse und zur Reflexion des eigenen Lernverhaltens sind wichtige Schritte auf dem Weg zu kompetentem (Lern-)Handeln.

Vor diesem Hintergrund stellen wir uns die folgenden Fragen:
- Wie können Lehrpersonen die Lernenden bei der Prüfungsvorbereitung unterstützen?
- Welche Methoden können sie dabei einsetzen?
- Welche Ressourcen werden bei den Lernenden durch den Einsatz dieser Methoden gezielt aufgebaut oder weiterentwickelt; welche Kompetenzen werden gefördert?

2.5.2 Die Innensicht – Ressourcen und Strategien

Motivationale Strategien

Lernerfolg ist wesentlich für die Motivation – er ist gewissermaßen ihr «Schmiermittel». Wer sich auf einem Gebiet als erfolgreich wahrnimmt, ist in der Regel motiviert, weitere Anstrengungen zu unternehmen. Eine wichtige Frage ist dabei freilich, wer die Ziele formuliert hat. Lernende, die aus eigenem Interesse an der Sache lernen (intrinsisch Motivierte), setzen sich oft anspruchsvolle persönliche Ziele, die sie mit Ausdauer verfolgen. Andere Lernende möchten eine ausreichende Note erzielen, im Klassenverband einen bestimmten Rang einnehmen, die Eltern, die Ausbildnerin oder den Ausbilder nicht enttäuschen 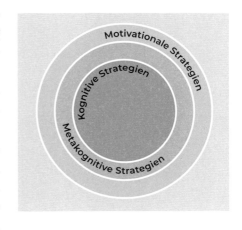 (extrinsisch Motivierte); sie legen das Niveau ihrer Ziele oft tiefer. Und schließlich gibt es die Misserfolgsgewohnten: Sie setzen sich oft gar keine Ziele mehr, weil sie schon oft erlebt haben, dass sie Zielvorstellungen nicht aus eigener Anstrengung erreichen können (erlernte Hilflosigkeit).

Spätestens in der Phase der Auswertung macht es sich bezahlt, wenn zu Beginn des Lernprozesses nahe, prägnante, realistische und für die Lernenden wünschbare Ziele formuliert wurden. Je präziser sie entworfen wurden, umso leichter lassen sie sich in der Phase «Auswerten» überprüfen.

Metakognitive Strategien

In dieser Phase steht die metakognitive Strategie des «Kontrollierens» im Zentrum. Auf den grundlegenden Unterschied zwischen Selbst- und Fremdkontrolle und deren Bedeutung wurde bereits hingewiesen.

Habe ich gemacht, was ich mir vorgenommen habe? Bin ich mit meinem Lernen da, wo ich sein wollte? In dieser Phase spielen differenzierte Rückmeldungen der Lehrperson eine wichtige Rolle. Wenn Feedback differenziert und persönlich ist und es zeigt, was bereits korrekt ist und wo noch Optimierungsbedarf besteht, können Lernende ihre Strategien verbessern. Ganz wichtig ist der Umgang mit Fehlern. Wenn Fehler als Normabweichungen sachlich besprochen werden, können Lernende ihre Strategien entsprechend anpassen und den Optimierungsprozess einleiten.

Kognitive Strategien

In dieser Phase wird der Zusammenhang von metakognitiven und kognitiven Strategien besonders deutlich. Auswerten heißt, über das eigene Lernen, den Lernprozess und die Lernfortschritte nachzudenken. Das geschieht oft nicht spontan, sondern muss von der Lehrperson initiiert werden. Die Reflexion ist die Basis, damit Lernende ihre kognitiven Strategien verändern, das heißt verbessern können. Wenn es der Lehrperson gelingt, diese Phase produktiv zu gestalten, werden Lernende beim nächsten Lernprozess von den strategischen Fortschritten profitieren können.

2.5.3 Die Außensicht – Arbeitsweisen und Methoden

In dieser Phase gibt es beim direkten Vorgehen zahlreiche gut erprobte Methoden; beim indirekten Vorgehen entscheiden die Lernenden völlig eigenständig, wie sie die Auswertung vornehmen möchten.

PHASE	DIREKTES VORGEHEN	INDIREKTES VORGEHEN
Auswerten	Ziele, Vorgehen und Lernerfolge werden überprüft. Die Impulse gehen hier über weite Strecken von der Lehrperson aus. Bei Unklarheiten erläutert sie nochmals die wichtigsten Zusammenhänge und weist auf die erarbeiteten Seiten im Lehrmittel hin. - Lernkarten/Kartenabfrage - Strukturlegetechnik - Netzwerk - Methode 66 (Seite 43)	Ziele, Vorgehen und Lernerfolge werden überprüft. Die Lernenden erstellen für sich einen eigenen Plan, wie sie sich am besten auf eine Lernkontrolle vorbereiten. Bei Bedarf wenden sie sich an die Lehrperson, um Fragen zum Vorgehen zu klären. - Freie Arbeit

Tabelle 11: Übersicht direktes und indirektes Vorgehen in der Phase «Auswerten»

Methoden zum direkten Vorgehen

Lernkarten

Die Lernenden erstellen aufgrund ihrer Unterlagen aus der Ausbildungseinheit «Lernkarten». Die möglichen Antworten notieren sie auf der Rückseite. Die Lehrperson kann für die Lernenden folgende Hilfen bereitstellen:

- Die Klasse bespricht miteinander, wie Fragen für eine Prüfung formuliert werden können. Die Lehrperson gibt dazu Tipps und veranschaulicht sie mit konkreten Beispielen.
- Fragen aus einer alten Prüfung werden miteinander analysiert. Ausgehend von dieser Analyse werden die verschiedenen Aufgabenformen und -typen miteinander besprochen. Es wird erarbeitet, welche Aufgabenform zu welcher Denkleistung führt.

Strukturlegetechnik

Die Lehrperson schreibt die zentralen Begriffe zu einem Thema auf Kärtchen (wie bei der Methode Netzwerk), dieses Mal aber höchstens im Format A6. Pro Tandem wird ein Umschlag vorbereitet, in dem alle Kärtchen enthalten sind. Im Unterricht erhalten die Lernenden den Auftrag, zu zweit die Kärtchen in eine für sie sinnvolle Struktur zu bringen. Die Teammitglieder klären zuerst die Begriffe, diskutieren miteinander die Zusammenhänge und tauschen sich mit anderen Teams über mögliche Lösungsvorschläge aus. Die erarbeitete Struktur wird anschließend der Lehrperson vorgestellt. Sie greift nur dann korrigierend ein, wenn Begriffe nicht richtig erklärt werden oder wenn Zusammenhänge zwischen zwei Begriffen oder einer ganzen Gruppe von Begriffen nicht nachvollziehbar erklärt werden. Die Strukturlegetechnik kann mit der Methode des flexiblen Modellierens kombiniert werden (Seite 31).

Netzwerk

Ausgehend von der bereits bei der Unterrichtsvorbereitung erstellten Sachstruktur schreibt die Lehrperson die zentralen Begriffe des Themas auf A4-Blätter oder Kärtchen. Diese werden nach dem Zufallsprinzip an die Lernenden ausgeteilt. In einer ersten Phase können sie jetzt bei Bedarf mit einem Mitschüler oder einer Mitschülerin das Kärtchen tauschen. In der zweiten Phase klären sie ihre Begriffe, suchen nach konkreten Beispielen und versuchen, die Begriffe in eigene Worte zu fassen. Selbstverständlich ist es ihnen erlaubt, alle Hilfsmittel, die bereits im Unterricht eingesetzt wurden, zu benutzen – etwa Arbeitsblätter, Lehrmittel oder Duden.

Nach dieser Klärungsphase, die nicht länger als 10 bis 15 Minuten dauern sollte, beginnt die Phase der Präsentation. Ein Lernender kommt nach vorne und heftet sein Kärtchen an die Pinnwand. Er erklärt den Begriff. Dann kommt der nächste nach vorne, stellt seinen Begriff vor und erklärt, in welchem Zusammenhang sein Kärtchen zum ersten steht. Er kann auch das erste Kärtchen an der Pinnwand neu positionieren – und genauso alle anderen Lernenden. Das Prozedere wiederholt sich so lange, bis alle Lernenden ihre Kärtchen präsentiert haben. Auf diese Weise werden die einzelnen Begriffe (nochmals) erklärt, und die Beziehungen zwischen den Begriffen verbalisiert. Für die Lernenden ist diese spielerische Form sehr motivierend, da durch die offene Ausgangslage und Reihenfolge etwas Neues entsteht.

Methode 66

Mit dieser Methode lassen sich mehrere Ziele verfolgen: (1) Die Lernenden beantworten gemeinsam unter Zeitdruck eine Fragestellung. (2) Sie bestimmen selbst, wer die Lösung vorträgt. (3) Sie können den Stand ihres Wissens selbst überprüfen, indem sie für sich analysieren, ob sie bei den vorgelegten Fragen der anderen Gruppen zu ähnlichen Antworten gelangt wären. Die «Methode 66» wird von der Lehrperson wie folgt eingeführt:
1. Es werden nach dem Zufallsprinzip Gruppen mit je 6 Personen gebildet. Die Gruppenmitglieder bestimmen eine Person, die die Gesprächsleitung übernimmt, und eine, die die Erkenntnisse protokolliert und präsentiert.

2. Jede Gruppe erhält eine Fragestellung. Jetzt haben die Gruppenmitglieder sechs Minuten Zeit, die Frage zusammen zu beantworten und einen gemeinsamen Lösungsvorschlag zu erarbeiten (in der konkreten Umsetzung wird die Lehrperson wohl oft etwas mehr Zeit einräumen müssen).
3. Die Ergebnisse werden im Plenum vorgetragen.
4. Die Antworten zu den Fragen der anderen Gruppen werden in der Kerngruppe diskutiert und festgehalten, sofern sie für die Gruppenmitglieder nachvollziehbar sind.

Jugendliche und junge Erwachsene arbeiten meistens gerne in Gruppen. Mit der «Methode 66» wird dem Bedürfnis nach sozialem Austausch in der Phase «Auswerten» Rechnung getragen. Zusätzlich spielt hier auch der Wettbewerbsgedanke eine wichtige Rolle. Welche Gruppe präsentiert erfolgreich und für alle verständlich? Sich dem Leistungsdruck zu stellen, ist sinnvoll, wenn die Lernenden über die erwähnten Ressourcen bereits in hohem Maße verfügen und wenn in der Klasse ein Klima des gegenseitigen Vertrauens vorhanden ist.

Methoden zum indirekten Vorgehen

Freie Arbeit

Die Lernenden erstellen für sich einen eigenen Plan – allein, zu zweit oder in einer Kleingruppe –, wie sie sich am besten auf eine Lernkontrolle vorbereiten. Bei Bedarf wenden sie sich an die Lehrperson, um die Prüfungskriterien nochmals zu klären und sich zu vergewissern, ob sie selbst oder ihre Gruppe den richtigen Weg eingeschlagen haben. Bei beiden Vorgehensweisen geht es immer um die Inhalte («Was habe ich gelernt?») und um den Prozess («Wie habe ich gelernt?»).

BEDEUTUNG	STRATEGIEN UND RESSOURCEN	METHODEN
Die Lernenden erhalten eine summative oder formative Rückmeldung, wie gut sie die Inhalte beherrschen, welche Fortschritte sie beim Einsatz der Ressourcen gemacht haben und wo sie innerhalb der Klasse stehen.	- Wichtiges von Unwichtigem zu unterscheiden und Schwerpunkte setzen - Inhalte und Ziele eigenständig überprüfen - Umgang mit Erfolg und Misserfolg erfahren - Realistische Ziele für die nächsten Einheiten formulieren - Soziales Netzwerk aufbauen, um sich austauschen zu können	Direktes Vorgehen: - Lernkarten/Kartenabfrage - Strukturlegetechnik - Netzwerk - Methode 66
	- Reflexion des eigenen Lernverhaltens - Gezielt Erholungsphasen als Vorbereitung für die nächste Lernetappe einplanen - Sich mental auf die nächste Unterrichtseinheit vorbereiten	Indirektes Vorgehen: - Freie Arbeit

Tabelle 12: Übersicht Phase «Auswerten»

2.6 Zusammenfassung

Damit Schülerinnen und Schüler nachhaltig lernen können, braucht es gute Lehrpersonen, die gut unterrichten können. Nach Hattie (2012) sind dabei folgende Faktoren ausschlaggebend: Klarheit der Lehrperson, Lehrer-Schüler-Beziehung, Klassenführung, ein gut rhythmisierter Unterricht und viel Feedback. Genau hier setzt AVIVA an. Unterrichten nach dem AVIVA-Modell bedeutet, deren fünf Phasen bei der Planung und Durchführung des Unterrichts stets sorgfältig zu beachten, den Lernenden den Weg mit verschiedenen Methoden – mehr oder weniger strukturiert, je nach den Voraussetzungen der Lernenden – vorzugeben und sie durch die Wahl der Methoden in Situationen zu versetzen, die sie nur durch den klugen Einsatz von Ressourcen meistern können. Der gezielte (und kreative) Einsatz von geeigneten Ressourcen selbst ist dann das, was wir als (Lern-)Kompetenz bezeichnen könnten. Für die Gestaltung eines kompetenzorientierten Unterrichts ist es also wesentlich, dass auf zwei Ebenen differenziert wird:

1. Die Methoden müssen organisch zu den aufzubauenden Ressourcen und zur fraglichen Phase nach AVIVA passen. So ist der Lehrperson beispielsweise bewusst, welche Funktion einem Brainstorming in der Phase «Vorwissen aktivieren» zukommt.
2. Die aufzubauenden Ressourcen müssen ihrerseits zu den Unterrichtsphasen nach AVIVA passen. So weiß die Lehrperson zum Beispiel, über welche Ressourcen die Lernenden verfügen müssen, um in der Phase «Vorwissen aktivieren» ein Brainstorming zu gestalten. Diese Zusammenhänge sind in Abbildung 3 (Seite 13) dargestellt. In den Kapiteln zu den einzelnen Phasen nach AVIVA sind die Übersichtstabellen nach ebendieser Systematik aufgebaut.

Durch den Einsatz von AVIVA gelingt es der Lehrperson, das Lernen mit den Augen der Lernenden zu sehen (Hattie, 2012, S. 21–22), indem sie den Unterricht in Phasen unterteilt und bei der Planung der einzelnen Schritte immer auch die Sicht der Lernenden (Innensicht – Ressourcen und Strategien) mitberücksichtigt.

3 Die Anwendung von AVIVA in vier Feldern pädagogisch-didaktischen Handelns

3 Die Anwendung von AVIVA in vier Feldern pädagogisch-didaktischen Handelns

In den vorangehenden beiden Kapiteln haben wir zunächst den Ansatz des AVIVA-Modells vorgestellt, begründet und sodann die einzelnen Phasen im Detail diskutiert. Im Folgenden gehen wir vier sehr unterschiedlichen Themen der Unterrichtsgestaltung nach und stellen sie in einen Bezug zu AVIVA. Beim ersten Thema handelt es sich um jenes der Klassenführung, also um die Kunst, als Lehrperson mit Gruppen so zu interagieren, dass individuelles Lernen möglich wird. Beim zweiten und dritten Thema handelt es sich um didaktische Ansätze von großer Aktualität für das Schulfeld, die wir hier aus Sicht des AVIVA-Modells darstellen möchten: Problembasiertes Lernen und Blended Learning.

3.1 AVIVA und Klassenführung

In Kapitel 1.2.2 (Seite 17) haben wir dargelegt, wie Lernende überhaupt in die Lage versetzt werden, ihr Lernen selbst in die Hand zu nehmen: Erfolgreiche Lernende setzen dazu gezielt metakognitive, kognitive und motivationale Strategien ein. Dies ermöglicht es ihnen, Lernaufgaben erfolgreich zu lösen oder eine Situation zu meistern. Aber warum setzen sich Lernende überhaupt zum Lernen hin, warum beginnen die einen, von sich aus zu arbeiten, und warum verweigern andere die Arbeit? Jean-Louis Berger hat sich im Rahmen seiner Forschungsarbeiten für die Frage interessiert, welche motivationalen Zielorientierungen bei Auszubildenden anzutreffen sind (Berger, 2009, S. 19–20). Nach Berger lassen sich vier typische Zielorientierungen unterscheiden:

- Typus 1 – Beherrschung: Die Lernenden möchten das, was sie an Inhalten und Methoden in der Ausbildung mitbekommen, gut verstehen und beherrschen. Sie wollen Fortschritte machen.
- Typus 2 – Herausforderung: Die Lernenden sind an einem Thema interessiert. Sie stellen sich den Anforderungen, weil sie motiviert sind, und strengen sich entsprechend an.
- Typus 3 – Leistung: Die Lernenden vergleichen sich vor allem mit ihren Mitschülerinnen und -schülern. Sie wollen mit den guten Lernenden mithalten können und strengen sich deshalb besonders an.
- Typus 4 – Arbeitsvermeidung: Die Lernenden versuchen, mit einem minimalen Einsatz die gestellten Anforderungen zu erfüllen. Vor allem Lernende mit einem schwach ausgeprägten Ehrgeiz und geringem Interesse für ein Fach sind in dieser Gruppe zu finden.

Anzumerken ist, dass sich dieselbe Person in verschiedenen Fächern durchaus unterschiedlich verhalten kann und dass sich die Dinge auch entwickeln – nicht zuletzt hierin liegt ein wesentliches Ziel eines kompetenzorientierten Unterrichts, nämlich, dass Lernende allmählich von äußerem Druck unabhängig werden und ihre motivationalen Strategien selbst zu steuern lernen. Dieser Aspekt ist vielleicht der wichtigste von allen.

Die Lernenden der Typen 1 bis 3 können sich im Unterricht selbst gut motivieren, sie wählen zielführende Strategien und kontrollieren ihre Arbeitsschritte eigenständig. Problematischer sieht es bei Lernenden aus, die zum Typus 4 zählen, den «Arbeitsvermeidern». Diese Schülerinnen und Schüler lassen sich kaum dazu bewegen, aus freien Stücken selbstständig zu arbeiten. Mit welchen Maßnahmen kann eine Lehrperson diese Lernenden besser in den Unterricht einbinden? Und welche Bedeutung kommt dabei der Klassenführung zu?

Es drängt sich die Frage auf, was man unter Klassenführung versteht. In der fachwissenschaftlichen Literatur lässt sich eine Vielzahl an Definitionen finden. So halten Gold und Holodynski (2011) und Ophardt und Thiel (2013) zusammenfassend fest, dass Klassenführung die Art und Weise bezeichnet, wie eine Lehrperson die einzelnen Unterrichtsaktivitäten wie beispielsweise das Unterrichtsgespräch, die Lehrerinstruktionen oder -demonstration einvernehmlich mit den Lernenden einrichtet und ihren reibungslosen, störungsfreien Ablauf gewährleistet. So besteht das Ziel von Klassenführung in der Maximierung der Lernzeit für jede Lernende und jeden Lernenden. Sie bildet damit eine wesentliche Voraussetzung, um eine anregende Lernumgebung für Schülerinnen und Schülern zu gestalten.

Helmke und Helmke (2015, S. 8) definieren Klassenführung wie folgt: «Sie umfasst Konzepte, Strategien und Techniken, die dem Ziel dienen, einen störungsfreien und reibungslosen Unterrichtsverlauf zu ermöglichen und damit aktive Lernzeit zu maximieren: durch Regeln und Prozeduren, die Allgegenwärtigkeit der Lehrkraft, den Aufbau erwünschten Verhaltens und einen angemessenen Umgang mit Störungen.»

Kiel, Frey und Weiß (2013, S. 16) nehmen zusätzlich eine didaktische Dimension in ihre Definition auf: «Klassenführung steht für eine Interaktion im institutionellen Rahmen einer Schulklasse, die durch ein hohes Maß an Unsicherheit und Komplexität geprägt ist. Klassenführung will Unsicherheit und Komplexität strukturieren und reduzieren, um einerseits Lernarbeit zu ermöglichen und andererseits einen Rahmen für die Entfaltung und den Schutz des Einzelnen zu etablieren. Beides, das Ermöglichen von Lernarbeit und die Etablierung eines geschützten Rahmens, geschieht wesentlich dadurch, dass Störungen durch präventive oder interventive Maßnahmen unterbunden werden. Beides, die Entwicklung eines geschützten Rahmens und die Ermöglichung von Lernarbeit, wird
- aktiviert
- angeleitet
- begleitet durch Beratung
- unterstützt (durch Zielsetzung, Diagnostik, angemessene Interventionen; durch die Bereitstellung oder das Kreieren von Ressourcen)
- zur Verpflichtung von Schülerinnen und Schülern gemacht
- verpflichtend durch Lehrpersonen geplant, durchgeführt und evaluiert [...]».

Wie lässt sich das AVIVA-Modell mit den oben aufgeführten Definitionen von Klassenführung in Verbindung bringen? Wir führen nachfolgend zu den einzelnen AVIVA-Phasen entsprechende Konzepte, Strategien und Techniken auf, die sich auf einen störungsfreien und reibungslosen Ablauf des Unterrichts positiv auswirken. Sie können ebenso helfen, Unsicherheiten zu reduzieren und Komplexität zu strukturieren wie auch zur Maximierung von Lernzeit beizutragen. Vielfach sind die entsprechenden Maßnahmen nicht nur an eine AVIVA-Phase gebunden.

3.1.1 Phase «Ankommen und einstimmen»

Gegenseitiges Vertrauen schaffen: Vertrauen heißt, dass jeder und jede das Recht darauf hat, ernst genommen, beachtet und angehört zu werden, und alle haben das Recht auf Respekt. Umgekehrt bedeutet es die Verpflichtung, die anderen ernst zu nehmen, sie anzuhören und sie ebenfalls zu respektieren. Das gilt für Lehrende und Lernende gleichermaßen. Grundlage des Vertrauens im Klassenzimmer heißt: Kontakt herstellen, viel voneinander wissen, sich möglichst gut kennen und sich füreinander interessieren (Pfiffner & Walter-Laager, 2009). Eine Rückmeldung zu geben, fällt dann, im geschützten Raum einer vertrauten Gruppe, oft leichter als im großen Klassenverband. Deshalb ist es oft hilfreich, die ersten Schritte im kleinen, eher vertrauten Kreis zu machen, gerade wenn man erst damit beginnt, die Kommunikation oder eine Feedbackkultur zu entwickeln.

Klare Regeln formulieren: In den Forschungen von Evertson, Emmer und Worsham (2006) sowie Emmer und Evertson (2012) hat sich bestätigt, das effektivere Lehrpersonen gleich zu Beginn des Schuljahres Regeln zum Verhalten sowie zum Lernen einführen und bei Fehlverhalten sofort eingreifen. Die Etablierung eines Classroom Managements zu Beginn des Schuljahres sowie das strikte Einhalten desselben brachten bei den Lernenden bessere Leistungen hervor. Beim Verhalten geht es vor allem um die zu erwartende Grundstimmung (Klasse als Lerngemeinschaft; offener und ehrlicher Umgang untereinander; Störungen sofort ansprechen) und die Regelung von Fehlzeiten. Bei den Regeln zum Lernen zeigen wir, mit welchen Lehrmitteln und Materialien wie gearbeitet wird und in welcher Form Arbeiten kontrolliert werden.

Mit Freude unterrichten: Unter Freude verstehen wir in diesem Zusammenhang die emotionale Reaktion auf positive Erinnerungen und angenehme Begegnungen mit Lernenden. Solche Emotionen gehören in jeden Unterricht. Sie übertragen sich von den Lehrpersonen auf die Lernenden und tragen dazu bei, dass diese sich motiviert mit den Inhalten des Unterrichts auseinandersetzen. Liebe zum Lernen zeichnet sich durch eine große Freude an neuem Wissen und neuen Fertigkeiten aus, wobei der Wunsch nach neuen Erkenntnissen und Erfahrungen die Triebfeder ist – das gilt für Schülerinnen und Schüler gleichermaßen wie für Lehrpersonen (UZH, 2015). Das Erleben positiver Emotionen unterstützt den Aufbau personaler Ressourcen wie Problemlösekompetenzen, das schnellere Lernen von Inhalten, die Qualität von Beziehungen im Klassenverband und das Entwickeln von Optimismus und Zielorientierung (Brohm, 2016, S. 22–23).

Klare Ziele formulieren: Die Lernenden müssen wissen, was zu tun ist. Zu Beginn des Unterrichts werden die Ziele bekannt gegeben (direktes Vorgehen) beziehungsweise die Lernenden definieren eigene Handlungsziele. Durch klare und gut verständliche Zielformulierungen ergibt sich für die Lehrperson und für die Lernenden ein roter Faden durch die Unterrichtsstunde oder den -tag. Nicht nur die Bedingungen und Vorgaben im Unterricht, sondern auch die Zielsetzungen in Bezug auf den Abschluss des Unterrichts sollten für die Lernenden klar ersichtlich sein. Am Ende können die Lehrperson und die Lernenden die Ziele zusammen überprüfen, den Lehr- und Lernprozess auswerten und abschließen.

3.1.2 Phase «Vorwissen aktivieren»

Bedeutung der Inhalte hervorheben (lassen): Die Lernenden interessieren sich dann besonders für ein Thema, wenn sie die Bedeutung für sich persönlich erfassen können. Bezugspunkt ist, wenn immer möglich, die Lebens- und Arbeitswelt der Lernenden. Berufslernende fordern sogar, dass das Aufzeigen der Sinnhaftigkeit in Verbindung mit der eigenen Lebenswelt die dringlichste Aufgabe ihrer Lehrpersonen sei (Pfiffner & Walter-Lager, 2009). Mithilfe von konkreten Beispielen aus dem Alltag und mit stufengerechten und aktuellen Unterrichtsmaterialien können die Lernenden motiviert werden, sich mit einem Thema zu beschäftigen.

Humor schafft Vertrauen, fördert die soziale Interaktion und wirkt auf allen Ebenen motivierend. Es gibt kaum etwas Entspannenderes, als wenn im Unterricht zwischendurch herzlich gelacht werden kann. So lässt sich manche kritische Situation mit Humor entschärfen. Menschen, die über eine humorvolle Haltung verfügen, sind besser in der Lage, Unzulänglichkeiten zu verstehen und zu verzeihen (Peterson & Seligman, 2004).

3.1.3 Phase «Informieren»

Ruhe bewahren: Hektik entsteht immer dann, wenn die Lehrperson zu viel Stoff in eine Unterrichtsstunde packt und dann selbst unruhig und nervös wird, weil nicht alles behandelt werden kann und sich (vermeintlich) große Wissenslücken auftun. Weniger ist manchmal mehr – das bringt die notwendige Ruhe in den Unterricht, die als Basis für die weiteren gemeinsamen Lernschritte von großer Bedeutung ist. Dies gilt auch für das Arbeiten beim indirekten Vorgehen.

Gelassen bleiben: Gelassenheit ist die Fähigkeit, vor allem in schwierigen Situationen die Fassung zu bewahren. Sie ist das Gegenteil von Stress und Unruhe. Gelingt es einer Lehrperson trotz eines Missgeschicks locker und freundlich zu bleiben, sich der menschlichen Schwächen bewusst zu sein und auch einmal großzügig über kleine Fehler hinwegzuschauen, spornt dies die Schülerinnen und Schüler an, am Lernen dranzubleiben (Brohm, 2016).

Eine Struktur einbringen und Klarheit schaffen: Unter Struktur verstehen wir den geordneten Ablauf des Unterrichts. Für ihn ist ein roter Faden, der die einzelnen Teile untereinander verbinden kann und daraus ein Ganzes schafft, von zentraler Bedeutung. Die klare Strukturierung, die sowohl für Lehrende als Lernende jederzeit erkennbar ist, bildet das empirisch am besten belegte aller Gütekriterien für guten Unterricht (Meyer, 2004). Zur Struktur gehört neben einer verständlichen Lehrersprache, Klarheit der Aufgabenstellung, einer klaren Körpersprache und Raumregie auch die Regelklarheit (Brophy, 2002). Schließlich ist die Lehrperson dafür verantwortlich, dass die Regeln von allen eingehalten werden. Selbstverständlich muss sie die Klasse in regelmäßigen Abständen auf die Regeln hinweisen, damit diese ein selbstverständlicher Bestandteil des Unterrichts werden. Die entsprechenden Techniken müssen dabei aber in ein unterstützendes und vertrauensvolles Klima eingebettet sein (Haag, 2018, S. 49 ff.). Die Schülerinnen und Schüler müssen sich auf die Lehrperson verlassen können. Sie ist es, die dafür sorgen muss, dass das Lernen nicht ständig durch eigene ergänzende Bemerkungen oder störendes Verhalten einzelner Schüler oder Schülerinnen unterbrochen wird und so der rote Faden verloren geht.

3.1.4 Phase «Verarbeitung»

Anforderungen stellen: Die Lernenden wollen im Unterricht gefordert und gefördert werden. Sie wollen ihre Ressourcen erweitern und etwas Neues lernen. Deshalb ist es wichtig, dass die Lehrperson Aufgaben formuliert, bei denen die Lernenden herausgefordert werden, selbst etwas entwickeln müssen oder anwenden können, was sie im Unterricht bereits gelernt haben. Neben Kenntnisaufgaben werden den Lernenden deshalb im Unterricht häufig

Anwendungs- und Problembearbeitungsaufgaben vorgelegt. Die Lernenden können sich bei diesen Aufgaben nicht einfach zurücklehnen und den Weg des geringsten Widerstands nehmen. Damit sie eine ansprechende Leistung erzielen können, müssen sie zur Bearbeitung der Aufgabe die im Unterricht erarbeiteten Ressourcen einsetzen.

Störungen sofort ansprechen: Störungsanfälliger Unterricht ist für alle Beteiligten nachteilig: für Lehrpersonen, weil er eine Ursache für Burnout darstellt (Aloe, Shisler, Norris, Nickerson & Rinker, 2014; Evers, Tomic & Brouwers, 2004; Hastings & Bham, 2003), für Lernende, weil es dadurch zu einer Einschränkung der aktiven Lernzeit kommt (Wettstein, 2013), die gerade bei der Phase des Verarbeitens sehr wichtig ist. Auf Störungen durch die Lernenden muss die Lehrperson daher sofort reagieren und konsequent die vereinbarten Maßnahmen treffen. Die Lernenden akzeptieren ein konsequentes Vorgehen, sofern es begründbar und nachvollziehbar ist. Eine gute Klassenführung ermöglicht es den Lernenden, die motiviert sind und im Unterricht etwas lernen wollen, wirklich zum Lernen kommen und nicht durch störende Schüler und Schülerinnen vom Lernen abgehalten werden.

Verschiedene Sozialformen berücksichtigen: Lernen ist ein sozialer Prozess und geschieht häufig in der sozialen Interaktion. Deshalb sollen die Lernenden gerade in der Phase «Verarbeitung» oft selbst entscheiden können, ob sie allein, in Lernpartnerschaften oder in der Gruppe arbeiten möchten. Aber auch der Austausch in der Klasse in Form von offenen oder geführten Diskussionen wird von den Schülerinnen und Schülern sehr geschätzt.

Rückmeldungen geben: Eine Rückmeldung ist eine Mitteilung an eine Person darüber, wie sie von anderen wahrgenommen, verstanden und erlebt wird und welche Leistung sie erbracht hat. Dies kann auf verschiedene Weise geschehen: durch Worte, durch Verhalten, durch unbewusste Mimik (Kopfschütteln) und so weiter. Feedback soll positiv formuliert sein und es soll systematisch erfolgen. Die Lernenden sollen spüren, dass es die Lehrperson gut meint, dass sie wohlwollend und unterstützend ist. Es nützt niemandem etwas, wenn die Lehrperson zwar eine inhaltlich klare Rückmeldung gibt, die aber die oder der Lernende nicht annehmen kann. Ein Feedback muss ertragreich und erträglich formuliert sein, ganz nach dem Motto: «Hart in der Sache, aber herzlich im Ton!»

3.1.5 Phase «Auswertung»

Erfolge ermöglichen: Die Lernenden erhalten regelmäßig eine sachbezogene Rückmeldung zu ihren Leistungen. Rückmeldungen ermöglichen es den Lernenden, ihr Verhalten zu verändern. Ein gezieltes Lob für eine sehr gute Arbeit fördert die Motivation und ist Garant für weitere Erfolge. Wichtig ist hier auch, dass die Lernenden möglichst schnell konkrete eigene Lernfortschritte (beispielsweise durch das Lösen von Wahl- und Pflichtaufgaben) erzielen können und dadurch Lernerfolge erleben.

Selbstwirksamkeit erleben: Nachhaltiges Lernen stellt sich dann ein, wenn sich die Lernenden als selbstwirksam erleben. Dieses Gefühl wird zur Überzeugung, wenn Lernende immer wieder erleben, dass sich Lernhindernisse in Form von im Unterricht gestellten Problemen und Aufgaben überwinden lassen, sobald sie ihr Wissen und ihre Fähigkeiten gezielt einsetzen und sich auch im Fall von Hindernissen anstrengen. Es ist die Professionalität und die Kunst der Lehrperson, entsprechende formative und summative Lernkontrollen vorzubereiten und zu initiieren.

PHASE	KONZEPTE, STRATEGIEN UND TECHNIKEN
Ankommen und einstimmen	- Gegenseitiges Vertrauen schaffen - Klare Regeln formulieren - Mit Freude unterrichten - Klare Ziele formulieren
Vorwissen aktivieren	- Bedeutung der Inhalte hervorheben (lassen) - Humor einbringen
Informieren	- Ruhe bewahren - Gelassen bleiben - Eine Struktur einbringen und Klarheit schaffen
Verarbeiten	- Anforderungen stellen - Störungen sofort ansprechen - Verschiedene Sozialformen berücksichtigen - Rückmeldungen geben
Auswerten	- Erfolge ermöglichen - Selbstwirksamkeit erleben

Tabelle 13: Übersicht AVIVA und Klassenführung

Eine gute Klassenführung ist eine wichtige Voraussetzung für das Gelingen eines kompetenzorientierten Unterrichts. Sie ist kein technischer Akt und ist eng verknüpft mit den Haltungen der Lehrperson und der Lernenden zum Lehren und Lernen. «Haltungen» sind ebenfalls Ressourcen, die im Unterricht gezielt aufgebaut werden müssen. In einer unserer anderen Publikationen (Städeli et al., 2019) finden sich dazu weitere theoretischen Hintergründe und Anregungen.

3.2 Problembasiertes Lernen (PBL)

Problembasiertes Lernen (PBL) ist, wie die Projektarbeit, die Fallstudie und andere, eine Lehr-/Lernform des situierten Lernens. Im Zentrum steht ein authentisches Fallbeispiel, das für die Lernenden interessant und für den Alltag oder für ihre berufliche Praxis relevant ist. Das «Problem» wird von den Lernenden in einer bestimmten, genau definierten Folge von Schritten oder «Sprüngen» gelöst. Der Ansatz hatte sich in der Schweiz – wie zuvor bereits in zahlreichen anderen Ländern (Barrows & Tamblyn, 1980) – zunächst vor allem im universitären Medizinstudium etabliert (Baroffio, Giacobino, Vermeulen & Vu, 1997) und ist heute insbesondere auch in der Ausbildung von Pflegefachpersonen verbreitet (Careum, 2013; 2020), wird aber immer wieder auch in der Ausbildung von Lehrpersonen aufgegriffen (Jannack, Knemeyer & Marmé, 2016; Praetorius et al., 2016; Stark, Herzmann & Krause, 2010).

In vielen auf PBL ausgerichteten Ausbildungen kam es zu Anpassungen ganzer Studienprogramme und Ausbildungsinfrastrukturen – und oft blieb dabei die erzielte Wirkung überschaubar (Müller, 2011, S. 113). Tatsächlich wären wir skeptisch gegenüber allfälligen Versuchen, auf der Primar- oder Sekundarstufe möglichst vollständig auf PBL zu setzen. Wir sind nämlich von der Effektivität und Effizienz zentral platzierter instruktionsorientierter Lerneinheiten im Unterricht auf diesen Schulstufen überzeugt. Dennoch kann es sinnvoll sein, Unterricht auch hier, etwa in der beruflichen Grundbildung, bei passenden Gelegenheiten am Konzept des PBLs auszurichten, und dies funktioniert auch ohne die Umstellung ganzer Studienprogramme.

Die Auseinandersetzung mit PBL im Rahmen dieses Buchs soll auch zeigen, dass sich Lernprozesse auch dann gut aus der Perspektive von AVIVA beleuchten lassen, wenn sie anders strukturiert sind als das Phasenmodell von AVIVA. Dieses Phasenmodell ist also flexibel zu interpretieren: Lernprozesse, vor allem wenn sie sich am indirekten Vorgehen orientieren, müssen nicht notwendigerweise in der Abfolge des AVIVA-Modells stattfinden. Wichtiger ist, dass die geplanten Lehr-/Lernprozesse und die dem AVIVA-Modell zugrunde liegenden Überlegungen bei der Ausgestaltung von Lernprozessen in der einen oder anderen Form berücksichtigt werden.

3.2.1 Bestimmung des Ausgangsproblems

Entscheidend für eine erfolgreiche Anwendung von PBL ist die Bestimmung des Ausgangsproblems. Relevant sind aus unserer Sicht hierzu folgende Überlegungen:
- Je nach Vorwissen und Lernstand kann die Aufgabenstellung beim PBL komplexer oder einfacher, inhaltlich umfangreicher oder beschränkter gewählt werden. Wichtig ist, dass die Lehrperson die «Zone der nächsten Entwicklung» (Vygotsky, 1978) der Lernenden richtig einschätzt. In Bezug auf Schwierigkeitsgrad und Umfang soll die Aufgabe also den größten Teil der Gruppe fordern, aber nicht *über*fordern (optimale Passung des Anspruchsniveaus) – die Lernenden sollen beim Bearbeiten einen Lernwiderstand überwinden, ohne dabei die Erfolgszuversicht zu verlieren (Euler & Kühner, 2017, S. 5).
- Je nach Lehrplan und Unterrichtsfach ist dieses Ausgangsproblem bereits festgelegt, in anderen Fällen ist es Aufgabe der Lehrperson, das Ausgangsproblem selbst zu bestimmen, ausgehend von den durch den Lehrplan vorgegebenen Lernzielen.

Im Folgenden gehen wir von einer beruflichen Handlungssituation aus, wie sie in der Ausbildung der Fachfrauen/-männer Gesundheit EFZ in der Schweiz thematisiert wird (OdA Santé, 2016, S. 14).

> Herr Peter, 78-jährig, wurde vor vier Tagen nach einem Sturz auf die rechte Hüfte hospitalisiert. Es wurde eine Schenkelhalsfraktur diagnostiziert und er wurde operiert. Herr Peter ist ein ruhiger, zurückhaltender Mann.
>
> Die Fachfrau Gesundheit Anja Koller betreut Herrn Peter. In den ersten drei Tagen hatte Herr Peter keine Probleme, den Urin zu halten. Er läutete rechtzeitig, und so konnten ihm die Pflegenden problemlos die Urinflasche reichen oder ihn auf die Toilette begleiten. Er entschuldigte sich dafür, dass er ihnen so viel Mühe mache. Am dritten Tag, als Anja Koller ihm ins Bett helfen wollte, bemerkte sie, dass seine Hose bis Mitte Oberschenkel nass war. Dies wiederholte sich am folgenden Tag. Herr Peter kann nicht sagen, was geschehen ist.
>
> Das Pflegeteam beschließt, die Situation zu beobachten und für die nächsten drei Tage ein Miktionsprotokoll zu führen. Anja Koller wird beauftragt, das für diese Pflegesituation zweckmäßige Inkontinenzmaterial bereitzustellen. Herr Peter soll sich mit den Hilfsmitteln sicher fühlen können und in der Bewegungsfreiheit nicht eingeschränkt werden. ➲

> Als wichtigstes Pflegeziel gilt, dass Herr Peter tagsüber möglichst lange kontinent bleibt. Als Pflegemaßnahme wird der Toilettengang mit zweistündlichem Intervall durchgeführt, unabhängig davon, ob Herr Peter einen Harndrang verspürt. In der Nacht soll er um vier Uhr morgens geweckt und auf die Toilette begleitet werden.
>
> Herr Peter wird über die geplanten Maßnahmen informiert. Er trinkt genügend, und Anja Koller plant eine regelmäßige Verteilung der Trinkmenge über den ganzen Tag.

Die im Bildungsplan beschriebene «beispielhaften Situation» entspricht einer «Problemsituation» aus dem beruflichen Alltag der Lernenden. Um sie zu lösen, muss eine Fachangestellte Gesundheit gemäß Lehrplan über folgende Kompetenz verfügen: «Klientinnen und Klienten bei der Ausscheidung unterstützen» (OdA Santé, 2016, S. 6).

Jede typische Handlungssituation ist in einen Situationskreis eingebettet, in dem etliche Parameter sich verändern können. Variieren können zum Beispiel Alter oder Geschlecht des Klienten, seine Krankheit, seine kulturelle und ethnische Herkunft und anderes mehr. Aber auch die institutionellen Gegebenheiten können erheblich voneinander abweichen: In den Richtlinien des einen Betriebs sind im fraglichen Fall zum Beispiel spezifische Prozesse vorgesehen und so weiter. Das Grundproblem aber bleibt immer dasselbe: Klientinnen und Klienten sollten bei der Ausscheidung korrekt unterstützt werden.

Aus der geschilderten «typischen Situation» lassen sich somit andere, ähnliche Situationen ableiten, die in den Grundzügen ähnliches Handeln erfordern, wobei sich die Kompetenz und Professionalität eines Berufstätigen nicht zuletzt darin zeigt, dass er sich an wechselnde Kontextbedingungen anpassen und die Situation zur Zufriedenheit der Beteiligten lösen kann.

3.2.2 Die Schritte im Detail

In Anlehnung an die «Siebensprungmethode» (das klassische PBL) geht es darum, unter Anleitung der Lehrperson eine solche Handlungssituation oder ein Problem zu verstehen, zu analysieren und auf dieser Grundlage systematisch Lernaktivitäten auszulösen, diese zunehmend selbstständig zu steuern und das Problem schließlich zu lösen. Dies geschieht in folgenden Schritten:

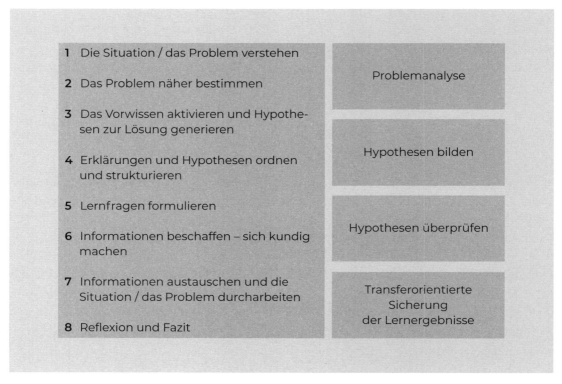

Abbildung 8: Phasenmodell des Problem-Based Learning (PBL) nach Grassi

Schritt 1: Die Situation / das Problem verstehen

Eine «Situation» ist im Großen und Ganzen meist schnell verstanden, doch reicht dies nicht aus, um beruflich kompetent handeln zu können. Die Lesekompetenz zum Beispiel muss so weit entwickelt sein, dass Lernende jedes Wort der Situationsschilderung verstehen.
- Was bedeutet das Wort «Miktionsprotokoll»?
- Was bedeutet die Wendung «das für diese Pflegesituation zweckmäßige Inkontinenzmaterial bereitzustellen»?
- Haben die Lernenden die definierte Pflegemaßnahme verstanden?

Oft ist es für die Lehrperson schwer zu antizipieren, wo die Schwierigkeiten im Textverständnis für die Lernenden liegen. Eine offene und freie Unterrichtsatmosphäre trägt viel dazu bei, dass die Lernenden ihre Probleme offen äußern.

Am Ende von Schritt 1 besteht ein gemeinsames Verständnis für die geschilderte Situation.

Schritt 2: Das Problem näher bestimmen

Die Lernenden fragen sich, was in der geschilderten Situation das Problem ist, welche Kernfragen sich aus dieser Situation heraus definieren lassen.
- Welches ist das für Herrn Peter passende Inkontinenzmaterial, und wie/wann soll es eingesetzt werden?
- Wie oft und jeweils wie viel sollte Herr Peter idealerweise trinken an einem Tag?
- Welche Rolle hat Anja Koller in der Kommunikation der Maßnahmen? Worauf ist bei der Kommunikation zu achten?

- Worauf ist im persönlichen Umgang mit Herrn Peter – für den die Situation offensichtlich sehr unangenehm ist – ganz allgemein zu achten?

Am Ende von Schritt 2 werden die Kernfragen schriftlich festgehalten.

Schritt 3: Das Vorwissen aktivieren und Hypothesen zur Lösung generieren

Je nach Ausbildungsstand waren einzelne Lernende im Betrieb bereits mit einer ähnlichen Situation konfrontiert, oder sie haben mitbekommen, dass eine ähnliche Situation auf ihrer Abteilung, in ihrer Institution vorkam. Aber auch wenn dies nicht der Fall ist: Die Lernenden haben eine Hypothese, wie der Fall gelöst werden könnte. Vorwissen und Hypothesen lebendig werden zu lassen und zunächst ungeordnet zu protokollieren, das ist zu Beginn der Ausbildung Sache der Lehrperson; mit zunehmender Selbst- und Methodenkompetenz kann diese Rolle von einem Gruppenmitglied übernommen werden.

Am Ende von Schritt 3 ist das gesammelte Vorwissen dargestellt, Hypothesen zu möglichen Lösungen des Problems sind formuliert.

Schritt 4: Erklärungen und Hypothesen ordnen und strukturieren

Die in Schritt 3 entwickelten Erklärungen und Hypothesen sind noch nicht geordnet – und können zueinander in Widerspruch stehen. Daher sollten sie jetzt von den Lernenden – bei Bedarf mit Unterstützung der Lehrperson – in eine Übersicht gebracht werden. Dabei ist auch zu berücksichtigen, dass die an der Situation beteiligten Personen ganz unterschiedliche Blicke auf das Problem haben können. So könnte Herr Peter daran interessiert sein, die für ihn unangenehme Situation möglichst nicht groß ansprechen zu müssen – oder eine Lösung zu finden, welche kurzfristig Milderung verspricht. Aus Sicht der Fachfrau Gesundheit Anja Koller (und des Pflegeteams) ist es jedoch wichtig, die Herausforderungen transparent anzusprechen und eine Lösung zu finden, welche seine Selbstständigkeit möglichst unterstützt. Häufig ist es sinnvoll, solche unterschiedlichen Interessenslagen auch grafisch darzustellen.

Schritt 5: Lernfragen formulieren

Bei der Formulierung der relevanten Lernfragen gilt es, zwei Dinge zu berücksichtigen:
- Was weiß ich bereits zu dieser Situation (Vorwissen, bereits vorhandene Ressourcen)?
- Welche Anforderungen stellt der Bildungsplan in Bezug auf Kenntnisse, Fähigkeiten und Haltungen (vom Bildungsplan geforderte Ressourcen)?

Die Auseinandersetzung mit dem Bildungsplan führt zu neuen Fragen, die mit Unterstützung der Lehrperson ausformuliert werden müssen:
- Was sind ethische Grundsätze?
- Kenne ich das Leitbild meiner Institution?
- Was sind «externe Ressourcen»?
- Wie schlägt sich die geschilderte Situation im Dokumentationssystem in meiner Institution nieder?
- Wie weit geht meine Flexibilität?

Noch einmal gilt es für die Lehrperson, Ordnung zu schaffen. Die Lernenden können nicht alle Fragen miteinander angehen. Es geht also auch darum, die Fragen zu priorisieren und zu klären, welche Fragen alle einzeln oder gemeinsam angehen und in welchen Bereichen die Gruppe arbeitsteilig arbeitet. In dieser Phase die Übersicht zu behalten, stellt an Lehrpersonen hohe Anforderungen; mit zunehmender Erfahrung gelingt es aber immer besser, diese Phase zu steuern und den begonnenen Prozess sichtbar zu machen.

Am Schluss von Schritt 5 sind die relevanten Lernfragen schriftlich formuliert und nach Priorität geordnet. Zudem ist vereinbart, wer bis zur nächsten Lerneinheit welche Fragen zu klären hat.

Für das Durcharbeiten der ersten fünf Schritte werden bei dieser Form von PBL etwa 60 Minuten benötigt. Wichtig ist, am Schluss dieser Schritte zurückzublicken und den Prozess noch einmal zu reflektieren.

Schritt 6: Informationen beschaffen – sich kundig machen

Der sechste Schritt erfordert wesentlich mehr Zeit. Je nach Ausbildungsstand und Methodenkompetenz geschieht die Informationsbeschaffung eher auf dem direkten Weg (die Lehrperson bereitet gewisse Informationen auf und präsentiert sie den Lernenden zum Selbststudium) oder auf dem indirekten Weg (die Lernenden beschaffen sich die nötigen Informationen selbst und klären die Fragen selbstständig). Der zeitliche Umfang dieser Phase richtet sich nach dem Umfang des Problems und der Anzahl formulierter Lernfragen. Je nach gewähltem Weg ist die Lehrperson eher Informationsvermittlerin oder Lernbegleiterin. Ziel von PBL ist aber letztlich immer die selbstständige Informationsbeschaffung durch die Lernenden.

Wenn der indirekte Weg gewählt wird, beschaffen sich die Lernenden die Information auf jede erdenkliche Weise: Sie recherchieren wichtige Begriffe (zum Beispiel im Fachbuch, oder wenn die Situation offensichtlich sehr unangenehm ist, im Internet), beschaffen sich Dokumente im Lehrbetrieb, fragen bei der Berufsbildnerin im Betrieb und weiteren Fachpersonen nach und so weiter.

Wenn in größeren Unterrichtseinheiten gearbeitet wird, gilt es den Überblick zu behalten, sich nicht in Einzelheiten zu verlieren, nach Zusammenhängen zu suchen und das Fallbeispiel als Ganzes im Auge zu behalten. Dabei wird das eigene Vorwissen erweitert und vertieft.

Etliche Lernfragen sind nur im direkten Kontakt mit dem eigenen Betrieb zu klären. Wie werden die formulierten Fragen im Ausbildungsbetrieb der Lernenden gelöst? Welche Ressourcen stehen den Lernenden dort zur Verfügung? Und so weiter. So kann zugleich eine enge Verbindung zwischen dem theoretischen Unterricht in der Berufsschule und der praktischen Ausbildung im Betrieb entstehen.

Wichtig ist, dass die Lernenden die gewählten oder zugewiesenen Fragen bis zur nächsten Lerneinheit klären. Wenn arbeitsteilig gearbeitet wird, ist Zuverlässigkeit eine wichtige Voraussetzung, damit das PBL erfolgreich ist. Gleichzeitig sind Sozial- und Selbstkompetenz gefordert; die Lernenden müssen feststellen, ob sie der Aufgabe gewachsen sind und wo sie allenfalls Hilfe finden, um die aufgeworfenen Fragen zu klären – und sie müssen diese externen Ressourcen auch aktivieren.

Schritt 7: Informationen austauschen und die Situation / das Problem durcharbeiten

Zur nächsten Lerneinheit bringen die Lernenden alles Material mit, das sie zur Beantwortung der Fragen zusammengesucht haben oder auf das sie bei ihren Nachforschungen gestoßen sind. Dabei erfahren sie, dass einzelne Fragen fachlich präzis beantwortet werden, dass aber bei anderen Fragen die Antworten von Institution zu Institution innerhalb einer gewissen Bandbreite auch variieren können. Wichtig ist, dass die Lernenden verstehen, weshalb ihre Institution eine Frage so oder anders gelöst hat.

Meist stehen hinter solchen Entscheidungen Tatsachen, auf die Lernende nicht auf Anhieb stoßen. Es kann nötig sein, noch einmal nachzufassen, um eine Frage in der angemessenen Tiefe zu beantworten.

Wenn alle Wissensfragen geklärt sind, geht es darum, die neuen Informationen durchzuarbeiten. In unserem Beispiel kann der Fall mannigfaltig variiert werden, im Sinn von: «Wie müsste sich die Fachfrau Gesundheit Anja Koller verhalten, wenn ...»

Mit Rollenspielen kann das Gespräch zwischen der Fachfrau Gesundheit Anja Koller und Herrn Peter geübt werden. Die Gruppe stellt Kriterien auf für die Klarheit, Verständlichkeit und Angemessenheit der Kommunikation in der vorgegebenen Situation. Sie gibt anschließend Feedback, ob sie den Umgang mit Herrn Peter als wertschätzend und respektvoll empfunden hat.

Schritt 8: Reflexion und Fazit

Zum Abschluss des Prozesses ist eine gründliche Reflexion und Auswertung wichtig:
- Von welcher Ausgangslage sind wir gestartet?
- Welche Arbeitsschritte haben wir durchlaufen?
- Welches Vorwissen wurde bestätigt?
- Welche Wissensinhalte mussten angepasst werden?
- Was weiß und was kann ich am Schluss der Lerneinheit mehr als zu Beginn (Kompetenzzuwachs)?
- Wo fühle ich mich sicher, wo noch unsicher? Wo muss ich nachfassen, also Dinge klären, Informationen vervollständigen?
- Brauche ich zusätzliche Übungseinheiten?

Abschließend dokumentiert die/der Lernende eine entsprechende Situation im Ausbildungsbetrieb und zeigt im Berichtsheft auf, wie sie/er das in der Schule erarbeitete Wissen und Können auf die betriebliche Situation überträgt. Die Berufsbildnerin oder der Berufsbildner kann, gestützt auf die persönlichen Beobachtungen und den Eintrag im Berichtsheft / der Lerndokumentation, den Ausbildungsstand der Lernenden beurteilen. Sie oder er kann ermessen, ob die Lernenden noch weitere Übungsmöglichkeiten unter Anleitung brauchen oder ob sie in dieser Situation weitgehend selbstständig ihre Aufgaben verrichten können.

3.2.3 Rolle der Lehrpersonen

Auch wenn PBL bedeutend mehr auf die Eigenaktivität von Lernenden abzielt als stärker instruktionsorientierte Lehr-/Lernformen, ist die Unterstützung der Lehrpersonen auch für das Gelingen von PBL zentral. In der Literatur ist dabei meist von Tutorinnen und Tutoren die Rede. Unseres Erachtens deckt dieser Begriff jedoch nur einen Teil der Aufgaben von Lehrpersonen in einem PBL-Setting ab. Aus unserer Sicht ergeben sich zentrale Aufgaben für die Lehrpersonen insbesondere in vier Feldern:

Bestimmung des Ausgangsproblems: Wie bereits notiert, spielen Lehrpersonen eine zentrale Rolle bei der Definition des Ausgangsproblems, vor allem, wenn der Lehrplan oder Schulmaterialien dieses nicht vorgeben. Je nach Fach ist dabei die Entscheidung zu treffen, ob das Beispiel möglichst aus dem Alltag (zum Beispiel im Lehrbetrieb) der Lernenden entnommen werden soll oder ob es sich um ein allgemeineres, zum Beispiel gesellschaftliches Problem, handeln soll. Bei Problemen, welche dem Alltag der Lernenden möglichst nahekommen sollen, ist zu beachten, dass die Erfahrungswelten junger Menschen sehr unterschiedlich sein können, etwa auch mit Blick auf die große Heterogenität von Betrieben selbst in einem einzigen Berufsfeld.

Definition methodisch-didaktischer Maßnahmen: Lehrpersonen sollten die Lernwege der Lernenden antizipieren – und entsprechend planen, welche Verständnisschwierigkeiten auftreten könnten und welche Lernressourcen und didaktischen Maßnahmen Lernende während des Lernprozesses allenfalls benötigen (Müller, 2011). Lernende können zum Beispiel mit der Fülle der im Internet vorhandenen Informationen überfordert sein und brauchen deshalb gezielten Zugang zu relevanten Informationsquellen – oder zumindest Hinweise, wie sie zu diesen gelangen können.

Begleitung: Lehrpersonen spielen auch bei der Begleitung des Lernprozesses eine zentrale Rolle (Donnelly, 2013). Diese Rolle lässt sich jedoch unterschiedlich ausgestalten, was einer entsprechenden Klärung durch die Lehrperson bedarf. Insbesondere unterhalb der Tertiärstufe sollten unseres Erachtens Lehrpersonen bei der Begleitung eine verhältnismäßig aktive Rolle spielen und den Austausch mit den Lernenden beziehungsweise den Lerngruppen aktiv suchen, etwa um sicherzustellen, dass sie das Problem verstehen und möglichst umfassend bearbeiten (Euler & Kühner, 2017, S. 5). Erfahreneren Lernenden können Lehrpersonen größere Freiheiten lassen, wobei – vor allem bei länger angelegten selbst organisierten Lernphasen – die Definition von Zwischenschritten («Meilensteinen») wichtig sein kann. Insbesondere auf Tertiärstufe gibt es zudem Erfahrungen mit einem Minimum von Begleitung durch Tutorierende oder auch mit durch die Studierenden selbst gewählten Tutorierenden (Braßler & Dettmers, 2016, S. 30; Steele, Medder & Turner, 2000).

Auswertung: Letztlich spielen die Lehrpersonen auch in der Auswertung der Ergebnisse (vor allem Schritte 7 und 8 gemäß Ablauf oben) eine zentrale Rolle. Hier ist es wichtig, nicht nur die unterschiedlichen Ergebnisse präsentieren zu lassen, sondern insbesondere auch verschiedene Lernwege kritisch zu reflektieren.

3.3 Blended Learning

Moderne Gesellschaften sind ständigen Transformationsprozessen unterworfen, wobei es in der heutigen Zeit vor allem die elektronischen Technologien sind, die als Treiber von zum Teil radikalen Veränderungen wirken. Digitale Medien durchdringen in zunehmendem Maß die Lebenswelt der Menschen, und zwar die private wie die berufliche. Von dieser Transformation ist das Bildungssystem natürlich nicht ausgenommen, insofern werden digitale Technologien und Medien mittlerweile vielfältig in Bildungssettings eingesetzt. In der Diskussion dieser Digitalisierung der Bildung kommt dem sogenannten flexiblen Lernen eine zentrale Bedeutung zu. Darunter sind Lehr-Lern-Formen zu verstehen, welche die unterschiedlichen Bedürfnisse der Lernenden berücksichtigen und diesen mehr Verantwortung für den Lern-

prozess übertragen (Müller & Javet, 2019, S. 84 ff.). Die British Higher Education Academy (HEA, 2015) konkretisiert flexibles Lernen mit folgenden Aspekten:
- Wahl zwischen verschiedenen Lernformen
- Personalisierte Lernumgebung mit vielen Optionen für die Lernenden
- Individuelle Wahl der Lernzeit
- Lernen an verschiedenen Lernorten

Es erstaunt nicht, dass beim Konzeptualisieren des flexiblen Lernens digitale Medien im Zentrum stehen und flexibles Lernen daher nicht selten mit E-Learning und Blended Learning gleichgesetzt wird.

E-Learning ist ein Überbegriff, der prozessorientiertes Lernen beschreibt, das digitale Informations- und Kommunikationstechnologien verwendet (Grabner, 2015; S. 8 ff.). Die ersten E-Learning-Mittel bestanden in Offline-Lernprogrammen, sogenannten Computer-Based Trainings (CBT). Diese wurden im Verlauf der Zeit durch Web-Based Trainings (WBT) ersetzt. Diese wiederum verwenden Online-Lernprogramme und nutzen zum Teil Online-Kommunikation. Im Extremfall umfassen WBT keine physischen Treffen mit Lehrpersonen und dem Klassenverband mehr, sondern sind ausschließlich technologiebasiert (Jarosch, 2009, S. 24). Diese extreme Form des E-Learnings wird oft damit legitimiert, dass der Lernprozess flexibler wird, weil die Lernenden den Zeitpunkt, den Ort und die Geschwindigkeit des Lernens und auch den Lernpfad, das heißt die Reihenfolge, in welcher Lerninhalte angeeignet werden, stärker selbst bestimmen können (Boelens, De Wever & Voet, 2017, S. 2).

Die Erfahrung mit CBT und WBT zeigte jedoch relativ schnell, dass diese Lernformen eine beschränkte Wirkung erzeugten, weshalb heute vor allem das Blended Learning im Fokus steht, verbindet dieses doch Präsenzlernen und Distanzlernen sowie traditionelle und digitale Medien. Mit diesem «gemischten» beziehungsweise «hybriden Lernen» sollen Nachteile der einen Lernform (Distanz- beziehungsweise Präsenzlernen) durch die Vorteile der anderen kompensiert werden: «Wenn die Lernformen in einer Art und Weise miteinander verknüpft werden, sodass jede Lernform ihre Stärke ausspielen kann, umgekehrt die jeweilige Schwäche von anderen Lernformen kompensiert werden, dann entsteht ein Ganzes, das mehr ist als die Summe seiner Teile» (Grabner, 2015, S. 15). Blended Learning ermöglicht also die Kompensation möglicher Schwächen der einen Lernform durch die Stärke der anderen. Zu nennen sind hier:
- Präsenzlernen
  positiv: Face-to-Face-Kommunikation, kooperatives Lernen, «echte» Lehrpersonen-Rolle
  negativ: wenig individuelles Lernen
- Distanzlernen
  positiv: individuelles Lerntempo
  negativ: Interaktion sehr begrenzt, Lehrperson nur Coach
- Online-Kommunikation
  positiv: keine physische Präsenz notwendig
  negativ: keine persönliche und realistische Interaktion

Blended Learning lässt sich allgemein in vier Bereiche gliedern (Fölsing, 2013, S. 53 ff.):
- Traditionelle Medien: Printmedien (zum Beispiel Lehrmittel, Skripts, Zeitungen, Zeitschriften), Fernsehsendungen, Audio und Video

- Webmedien: Blogs/Wikis, E-Portfolio, Foren/Chats, Communitys usw.
- Präsenzlernen (klassischer Unterricht, Präsenztrainings, Präsenzseminare, Face-to-Face-Coaching und so weiter)
- Distanzlernen: CBT, WBT, Mobile Learning, Lernplattform usw.

Während beim Präsenzlernen mindestens zwei Personen zur gleichen Zeit am gleichen Ort beteiligt sind, findet Distanzlernen an verschiedenen Orten statt, wobei das Lernen zeitgleich oder zeitverschoben stattfinden kann. Selbstlernen und das individuelle Lesen von Texten gehören also auch zum Distanzlernen. Der Begriff des Blended Learning umfasst, wie bereits jetzt sichtbar wird, unterschiedlichste didaktische Arrangements, zum Beispiel, was das jeweilige Gewicht des Lernens in Präsenzveranstaltungen und des Lernens mit digitalen Medien betrifft. Drei solcher Ansätze sollen bereits an dieser Stelle kurz vorgestellt werden:

- *Inverse Blended Learning:* Bei diesem Ansatz werden Online-Lernangebote stärker gewichtet, welche dann durch Präsenzunterricht und/oder durch persönliche Treffen ergänzt werden (Schön & Ebner, 2018, S. 299). Er ist vor allem bei Fernstudien *(distance education)* verbreitet, welche insbesondere in angelsächsischen Ländern auf eine lange Tradition zurückblicken (Sumner, 2000).
- *Flipped Classroom:* Bei diesem Ansatz erfolgt die eigentliche Vermittlung beziehungsweise Aneignung von Lerninhalten außerhalb von Präsenzveranstaltungen, heutzutage meist durch die Nutzung digitaler Medien, zum Beispiel von E-Books, aber auch von webbasierten Vorlesungen. Präsenzveranstaltungen werden daher primär genutzt für die Klärung von Verständnisfragen, für die Diskussion allenfalls kontroverser Standpunkte und für Feedback zu online eingereichten Beiträgen von Lernenden und Studierenden (Boelens, Voet & De Wever, 2018, S. 3; Thai, De Wever & Valcke, 2017, S. 114). Auch dieser Ansatz ist, bedenkt man die traditionellerweise zentrale Bedeutung von vorbereitender Lektüre im Hochschulstudium, nicht neu, hat jedoch durch die Möglichkeiten digitaler Medien auch für andere Bildungsstufen an Bedeutung gewonnen.
- *Mobile Seamless Learning:* Dieser Ansatz zielt auf eine möglichst umfassende Integration mobiler elektronischer Geräte in den Lernprozess ab, insbesondere zur «Schaffung von Lernsettings mit möglichst wenig Schwellen zur konkreten Lebenswelt» (Schön & Ebner, 2018, S. 298), jedoch auch zur Minimierung von Technologiebrüchen.

Kasten 1: Drei Ansätze des Blended Learning

3.3.1 Technologische Voraussetzungen des Blended Learning

Die Fragen, welche sich bei der Gestaltung von Settings des Blended Learning stellen, sind grundsätzlich dieselben, die man sich beim Einsatz von Technologien (zum Beispiel Fernsehen und Radio etwa für die *distance education*) und Lernmedien (zum Beispiel Bücher, Übungsmaterialien) im Rahmen der Unterrichtsplanung immer schon stellen musste: Wozu, wann, wo und wie werden diese Technologien und Medien zur Förderung des Lernprozesses eingesetzt?

In den letzten beiden Jahrzehnten haben sich die technologischen Voraussetzungen im Bereich der Hardware, der Softwaresysteme und der didaktischen Anwendungen stark gewandelt. Da diese Voraussetzungen ganz wesentlich die Möglichkeiten zur Beantwortung der oben notierten Fragen beeinflussen, werden sie im Folgenden kurz vorgestellt.

Hardware

Während in der *distance education* lange vor allem Radio und Fernsehen eine wichtige Rolle spielten, übernahm seit den 1980er-Jahren der Personal Computer eine zunehmend wichtige Rolle. Diese Geräte waren zunächst entweder beim Bildungsanbieter (zum Beispiel einer Schule) oder am Wohnort der Lernenden installiert und untereinander nicht verbunden. Heute spielen an einer Schule fix installierte Computer eine immer geringere Rolle, genutzt werden die mobilen Geräte der Lernenden selbst. Dieses Konzept des *Bring Your Own Device* (BYOD) umfasst die Arbeit vor allem mit Laptops, Tablets und Smartphones (Feierabend, Plankenhorn, & Rathgeb, 2018), wobei zwischen diesen drei Kategorien von Geräten selbstverständlich fließende Übergänge bestehen. Eine weitere Entwicklung in diesem Bereich stellt die zunehmende Bedeutung von virtuellen Lernumgebungen (*Virtual Reality*, VR) dar, welche vor allem durch entsprechende VR-Brillen oder aber von Software für Smartphones ermöglicht werden (Fowler, 2015; Zobel et al., 2018).

Entscheidende Fragen, welche sich bei der Ausgestaltung von Blended Learning mit Blick auf die Nutzung von Hardware ergeben, werden in der folgenden Tabelle aufgeführt.

FRAGEN	ÜBERLEGUNGEN
Für welche Phasen (vgl. AVIVA) oder Elemente des Lernprozesses werden die Geräte primär genutzt und welche Aktivitäten seitens der Lernenden sind während des Lernprozesses vorgesehen?	Sofern die Lernenden komplexe, allenfalls literarische Texte oder selbst schriftliche Beiträge verfassen, sollten zumindest Tablets oder aber Laptops vorhanden sein. Für online-basierte Tests (Multiple Choice), Zugang zu Filmbeiträgen, Podcasts, allenfalls zu Chats oder Foren reichen auch Smartphones aus. Zu beachten ist, dass sich die Technologie zur Lektüre von Texten auf Smartphones laufend verbessert (Krommer, 2016).
Welche Geräte besitzen die Lernenden unabhängig vom Bildungsangebot – und über welche finanziellen Ressourcen verfügen sie, sich bei Bedarf ein Gerät zu beschaffen?	Je nach geografischem Kontext sehen die Voraussetzungen anders aus. Gleichzeitig ist die Bereitschaft, für den Besuch einer Ausbildung ein neues Gerät zu beschaffen, auch von dessen Zeitspanne abhängig und auch von der Frage, welche Perspektiven (etwa auf dem Arbeitsmarkt) sich durch die Ausbildung eröffnen im Hinblick darauf, ob sich die Investition lohnt.
Welche Vorgaben soll der Bildungsanbieter mit Blick auf die Hardware den Lernenden überhaupt machen?	Viele Bildungsanbieter sind dazu übergegangen, den Lernenden bezüglich des Nutzungsgeräts keine Vorgaben zu machen, erstellen jedoch Transparenz darüber, wozu diese Geräte eingesetzt werden.

Tabelle 14: Drei Fragen zur Wahl des Nutzungsgeräts bei Blended Learning

Softwareumgebungen

E-Learning und Blended Learning boten schon früh die Möglichkeit von Lernplattformen, nicht nur zur Administration beziehungsweise zur Kommunikation in Bezug auf administrative Fragen mit den Lernenden, sondern auch zur Bereitstellung von Materialien zur Vorbereitung auf Präsenzveranstaltungen, für Vertiefungsaufträge, für Tests und so weiter. Sollen solche Lernplattformen speziell für dieses Bildungsangebot ausgestaltete elektronische Ressourcen umfassen, ist deren Entwicklung und Weiterentwicklung mit einigem Aufwand verbunden.

Dieser lohnt sich dann, wenn Lehrpersonen in einem bestimmten Fach eng zusammenarbeiten, etwa bei der Erarbeitung von Pools für Prüfungsfragen.

Lernplattformen wurden jedoch immer wieder für ihre mangelnde Flexibilität sowie für ihre Distanz zur digitalen Lebenswelt der Lernenden kritisiert (Dalsgaard, 2006). Diese Kritiker fordern einen starken Einbezug sozialer Software, also von Apps und digitalen Ressourcen, welche im Internet offen zugänglich sind. Social software verfügt zweifellos über ein großes Potenzial für das Blended Learning, zum Beispiel zur Vertiefung von Lerninhalten, gerade von solchen, welche unabhängig vom unmittelbaren geografischen Kontext relevant sind (zum Beispiel Mathematik- oder Sprachübungsprogramme), oder auch zur Interaktion (zum Beispiel über Foren und Chats) mit Personen, welche sich unter Umständen an einem ganz anderen Ort mit dem gleichen Lerninhalt beschäftigen. Blended Learning, welches Online-Aktivitäten stark gewichtet, jedoch gleichzeitig ganz auf Lernplattformen verzichtet, riskiert unseres Erachtens aber, Lernende zu überfordern und zu einer gewissen Unverbindlichkeit beizutragen.

Das Beispiel Careum

Das Careum Bildungszentrum (kurz: Careum) in Zürich bildet angehende Berufsleute in verschiedenen Gesundheitsberufen aus, darunter auch Fachpersonen Gesundheit auf der oberen Sekundarstufe. Das Zentrum setzt seit vielen Jahren auf die Nutzung digitaler Medien im Unterricht und verfügt entsprechend über viel Erfahrung im Bereich des Blended Learning.

Die angehenden Fachpersonen Gesundheit besuchen das Careum während ihrer dreijährigen Ausbildung zwischen ein bis zwei Tagen wöchentlich und erwerben dort anwendungsorientiertes Theoriewissen, welches das Lernen im Betrieb und in den überbetrieblichen Kursen ergänzt. Die Ausbildung der Fachpersonen Gesundheit im Bildungszentrum Careum ist dafür unterteilt in Lernsequenzen, deren Themen durch den auf nationaler Ebene definierten Bildungsplan vorgegeben sind. Jede dieser Lernsequenzen umfasst die vier Phasen a) Vorbereitung, b) Präsenzunterricht, c) Nachbereitung/Transfer und d) Prüfen.

Die Phase der Vorbereitung ist online-basiert und wird primär über die schuleigene Lernplattform umgesetzt. Sie dient dem Ankommen und einstimmen sowie der Vorwissensaktivierung, umfasst bei Bedarf jedoch bereits eine Erweiterung des Vorwissens, etwa im Rahmen zusätzlicher Lektüre für Lernende, die aufgrund ihrer Voraussetzungen (zum Beispiel verkürzte Ausbildung) nicht den gleichen Vorwissensstand aufweisen wie ihre Peers.

Der Präsenzunterricht spielt nicht zuletzt aufgrund der Präsenzpflicht auf dieser Bildungsstufe weiterhin eine zentrale Rolle. In jeder Lernsequenz beginnt der Präsenzunterricht in der Regel noch einmal mit dem Ankommen und der Vorwissensaktivierung, etwa indem die Lehrperson im Plenum auf die Relevanz der zu diskutierenden Inhalte im Hinblick auf das berufliche Handeln eingeht (Ankommen) und so dann die bestehenden Erfahrungen der Lernenden in der Diskussion aufgreift. Anschließend wird der Präsenzunterricht wesentlich für die Phase der Information und der Vertiefung genutzt, wofür unterschiedliche digitale Lernmedien eingesetzt werden. ➔

Die Nachbereitungsphase ist wiederum online-basiert und dient der Vertiefung der Inhalte aus dem Präsenzunterricht. Sie erfolgt zum Beispiel über interaktive, multimediale Lernprogramme (zum Beispiel Online-Tests zur Wissenssicherung), welche zum Teil spezifisch für die Lernenden am Careum entwickelt wurden oder aber für angemeldete Nutzerinnen und Nutzer online verfügbar sind. Länger dauernde Lernsequenzen werden jeweils mit einer Prüfung abgeschlossen, welche bisher in den meisten Fällen in Papierform erfolgt.

Der Unterricht für die Fachleute Gesundheit im Bildungszentrum orientiert sich an einem von den Lehrpersonen gemeinsam erstellten Skript, welches den inhaltlichen und methodischen Aufbau der einzelnen Unterrichtssequenzen verbindlich definiert. Für die Lehrpersonen bildet dieses Skript den Rahmen für sämtliche auf der Lernplattform zugänglichen elektronischen Unterlagen und Medien, welche von ihnen selbst sowie von den Lernenden im Präsenzunterricht, aber auch in der Vor- und Nachbereitung verwendet werden.

Kasten 2: Blended Learning am Careum Bildungszentrum; Quelle: Careum Bildungszentrum (2018)

In der Praxis zeigt sich oft ein hybrider Ansatz: Lernplattformen, auf denen angebotsspezifische Inhalte abgelegt werden, werden gezielt verlinkt mit externen Ressourcen (zum Beispiel E-Books, Übungen, Tests). Ein relevantes Beispiel ist etwa jenes des Careum Training Center, eines Ausbildungszentrums für Gesundheitsberufe in der Schweiz (Kasten 3).

Eine zentrale Herausforderung des Blended Learning ist es, dass die Lernenden Unterlagen, Notizen, Auswertung von Lernaufgaben und so weiter, welche sie im Rahmen analoger und digitaler Lern- und Lehrformate sammeln und erstellen, problemlos greifbar haben. Gut organisierte Learning Management Systems (LMS) mit elektronischen Ressourcen, die zum Teil im Präsenzunterricht vorgestellt und besprochen oder aber selbstständig bearbeitet werden, können die Lernenden in diesem Bereich sicher unterstützen. Zusätzlich erleichtert wird die Vermeidung solcher Technologiebrüche durch Geräte und Software, welche die Verknüpfung unterschiedlichster elektronischer Ressourcen erleichtern und etwa elektronische Unterlagen mit handschriftlichen Notizen oder mit selbst (im Unterricht oder außerhalb) erstellten Fotos ergänzen. In Blended-Learning-Arrangements, in welchen diese Brüche kaum mehr bestehen, spricht man von Mobile Seamless Learning (Glahn & Gruber, 2018, S. 284). Je nach Bildungsstufe und Voraussetzungen der Lernenden kann die Verantwortung für die Integration von Lernergebnissen aus analogen und digitalen Lernformaten in die Hände der Lernenden gelegt werden.

Kasten 3: Zentrale Herausforderung des Blended Learnings

Didaktische Ressourcen und Anwendungen

Blended Learning ist in den letzten Jahren auch deshalb immer attraktiver geworden, weil der technologische Fortschritt die Entwicklung immer komplexerer Anwendungen und didaktischer Ressourcen ermöglicht hat. Im Folgenden eine kurze Übersicht anhand von vier Dimensionen:

DIMENSION	BEISPIELE
Zugang zu Lerninhalten	- Präsentationen der Lehrpersonen - Texte (in Form von PDFs oder extern verfügbarer E-Books) - Visuelles Anschauungsmaterial - Audios und Videos (zum Beispiel auch in Form von Podcasts oder *Virtual Reality*) - Problembasiertes, selbst organisiertes Lernen mithilfe von auf LMS und/oder im Internet öffentlich zugänglichen Inhalten (zum Beispiel WebQuests)
Vertiefung	- Übungsprogramme *(Drill and Practice)* - Lernspiele *(Game-based Learning)* (Papastergiou, 2009) - Simulationsprogramme *(Virtual Reality)* (Fowler, 2015; Zobel et al., 2018)
Austausch und Interaktion	- Austausch von Dokumenten zwischen den Teilnehmenden sowie zwischen den Teilnehmenden und den Dozierenden - Synchrone und asynchrone Kommunikation (Thai, De Wever & Valcke, 2017, S. 114) zwischen den Teilnehmenden sowie zwischen den Teilnehmenden und den Dozierenden, zum Beispiel durch Tutorials (Austausch mit Tutoren), Foren (asynchron) und Chats (synchron)
Formative und summative Evaluation des Lernfortschritts	- Online-Tests zur Überprüfung des Vorwissens (formativ) - Übungsprogramme (vgl. Zeile zu «Vertiefung») (formativ) - WebQuests (Lösung von Aufgaben mithilfe von Informationen aus dem Internet) (formativ/summativ) - E-Portfolio (formativ/summativ) - Multiple-Choice-Tests (summativ) - Computergestützte Prüfungen, die auch offene Fragen umfassen (mit/ohne Zugang zum Internet) (summativ)

Tabelle 15: Beispiele von didaktischen Ressourcen beim Blended Learning

3.3.2 Grundsätzliche Überlegungen zur richtigen Mischung

Entscheidungen über den gezielten Einsatz von Methoden und Technologien müssen immer vor dem Hintergrund grundlegender pädagogisch-didaktischer Fragen gelöst werden:
- *Welche Lernziele/Kompetenzen stehen im Zentrum des geplanten Unterrichts?*
  Auch wenn die Wichtigkeit von IT-Kompetenzen für die Lebenswelt junger Menschen sowie für die moderne Arbeitswelt unbestritten ist: Die in Lehrplänen definierten Lernziele und Kompetenzen sind in der Regel auf konkrete Schulfächer bezogen. Der Einsatz von Technologie im Unterricht muss immer zur Erreichung dieser Ziele beitragen.
- *Welchen Mehrwert bietet der Einsatz von IT im Vergleich zum Einsatz traditioneller Unterrichtsmethoden?*
  Dieser Mehrwert ist nicht automatisch gegeben. Wirkungsvoller Unterricht zeichnet sich aus durch einen Fokus auf das Wesentliche und auf die Reduktion von Komplexität. Je nach Inhalt bietet es sich deshalb an, in einzelnen Phasen des Lernprozesses weiterhin vor allem auf traditionelle Instruktionsformen zu setzen. So kann im Mathematikunterricht die Arbeit mit der Wandtafel weiterhin sehr effektiv sein, weil diese wie kaum ein anderes Medium die Komplexität reduziert.
  Das Ziel von Blended Learning besteht unseres Erachtens auch nicht darin, den Anteil von Präsenzunterricht möglichst zu minimieren. Die Interaktion im physischen Raum zwischen Lehrpersonen und Lernenden einerseits und Lernenden untereinander andererseits ist

immer noch wichtig, denn sie führt zu Lernzuwachs gerade mit Blick auf viele überfachlichen Kompetenzen (zum Beispiel Team- und Kommunikationsfähigkeit).
- *Welche Kompetenzen können bei den Lernenden vorausgesetzt werden?*
Auch wenn junge Menschen heute oft als *digital natives* aufwachsen, verfügen sie nicht zwingend über die Kompetenzen, welche zur Nutzung digitaler Lernangebote nötig sind. Dabei geht es nicht nur um Kompetenzen im Bereich der Informationstechnologien. Entscheidend sind ebenso sehr Selbstkompetenzen, insbesondere im Bereich der Selbstständigkeit und der Arbeitsorganisation (Boelens, de Wever & Voet, 2017, S. 4). Natürlich werden diese Kompetenzen je nach didaktischem Arrangement unterschiedlich stark eingefordert. Besonders anspruchsvoll sind Lernarrangements, bei welchen für die Phase «Informieren» die eigenständige Nutzung digitaler Technologien vorgesehen sind, zum Beispiel im Rahmen von Rechercheaufträgen. Selbst die Nutzung von Lernvideos ist anspruchsvoll, denn häufig sind diese eher wenig auf die spezifischen Kontexte der Lernenden ausgerichtet und bieten keine Möglichkeit, offene Fragen direkt zu klären. Je nach Bedarf müssen also Blended-Learning-Arrangements entsprechende Unterstützungsangebote vorsehen (Brahm & Jenert, 2011, S. 181).
- *Mit welchem Aufwand ist Blended Learning für die Lehrpersonen verbunden?*
Die Zeit für die Vorbereitung von Unterricht ist beschränkt. Doch überzeugende Blended-Learning-Arrangements sind häufig zeitaufwändig (Euler, Seufert & Wilbers, 2006, S. 8). Insofern dürfen sich Schulen und Lehrpersonen durchaus die Frage stellen, inwiefern Blended Learning im Unterricht den Aufwand für die Lehrpersonen eher vermindert – oder eben eher erhöht beziehungsweise welche zusätzlichen Ressourcen zur Stärkung von Blended Learning von Bedarf wären.
Tatsächlich kann der Einsatz von Blended Learning zu Zeitersparnis für Lehrpersonen führen, man denke nur etwa an die zahlreichen online verfügbaren Übungen oder Spiele (zum Beispiel im Fach Mathematik), die sich leicht in den Unterricht einbinden lassen und den Korrekturaufwand verkleinern.
In vielen Fällen ist die Ausgestaltung von Blended-Learning-Arrangements aber mit einem hohen Initialaufwand verbunden, vor allem, wenn die verschiedenen Elemente des Lernprozesses digital stark integriert sein sollen. Diese Investition lohnt sich dann, wenn das Arrangement von möglichst vielen Lernenden genutzt wird, sich über eine möglichst lange Zeitspanne hinweg bewährt – oder aber die zentrale Grundlage eines Geschäftsmodells darstellt (zum Beispiel bei Fernstudien). In vielen Fällen arbeiten Lehrpersonen bei der Ausarbeitung digitaler Ressourcen zusammen – oder es werden Lehrpersonen speziell mit dieser Aufgabe betraut.
Eher aufwendig sind Blended-Learning-Arrangements, in welchen Lehrpersonen individualisierte Rückmeldungen zu online eingereichten Vertiefungsaufträgen geben oder Chats und Foren begleiten. Gleichzeitig können solche Rückmeldungen den Lernzuwachs aber wesentlich verstärken.

3.3.3 Die Entwicklung von Blended-Learning-Arrangements (BLA)

Fölsing (2013, S. 63 ff.) beschreibt einen Kreislauf der Entwicklung von BLA in acht Schritten:

1. Kompetenzprofile und -möglichkeiten festlegen
2. Lernziele bestimmen
3. Lerninhalte definieren
4. Lernformen und -orte festlegen
5. Sozialformen bestimmen
6. Medienmittel und Kommunikationsformen wählen
7. Erfolgskontrollen durchführen
8. Evaluation vornehmen

Für Blended-Learning-Projekte im schulischen Kontext sind für die Vorbereitung von Unterricht die Schritte 2 bis 7 zentral, wobei sich diese Schritte nicht grundsätzlich von jenen bei der Planung von traditionellem Unterricht (Städeli & Caduff, 2019) unterscheiden. Lediglich die Definition von Lernorten ist ein Element, das im traditionellen Unterricht keine Bedeutung hat. Schritt 1 ist insofern von geringer Bedeutung, als die Kompetenzen beziehungsweise die Bildungs- und Grobziele in den Lehrplänen festgelegt werden. Nachfolgend wird knapp dargelegt, was bei den einzelnen Schritten (zwei bis sieben) bei der Planung von BLA besonders zu beachten ist.

- *Lernziele bestimmen:* Die Formulierung von Lernzielen ist eine Arbeit, die Lehrpersonen unbesehen vom Unterrichtssetting leisten müssen. Da Blended-Learning-Unterricht hohe Anforderungen an die Selbstständigkeit der Lernenden (siehe dazu weiter unten) stellt und den Umgang mit digitalen Kommunikationsmedien erfordert, werden Lernziele in diesem Bereich eine große Bedeutung haben. Zudem ist die Lernzieltransparenz angesichts des erhöhten Anteils an selbstständigem Lernen besonders wichtig.
- *Lerninhalte definieren:* Für die Lerninhalte gilt dasselbe wie für die Lernziele. Neben den fachlichen Lerninhalten werden vermehrt auch überfachliche Inhalte in den Fokus rücken.
- *Lernformen und -orte festlegen:* Der erste Teil dieses Schrittes besteht darin, eine Unterrichtskonzeption zu wählen. Die Lehrperson entscheidet sich also zum Beispiel entweder für die Konzeption der *Direct Instruction*, des Problem-Based Learning oder für jene des handlungsorientierten Unterrichts. Daraus ergeben sich Lernschritte beziehungsweise Phasen, die den Unterricht gliedern. Nachdem die Phasen festgelegt worden sind, können die Lernorte bestimmt werden.
- *Sozialformen bestimmen:* Die Sozialform wird durch die Spezifität der Lernschritte bestimmt und folgt in BLA derselben Rationalität wie im Präsenzunterricht. Werden für die Distanzlernphase allerdings andere Formen als Einzelarbeit gewählt, so muss auch die Gestaltung der (digitalen) Kommunikation zwischen den Gruppenmitgliedern bedacht werden.
- *Medienmittel und Kommunikationsformen wählen:* Hier gilt es, die für die einzelnen Lernphasen und -orte erforderlichen Medien auszuwählen. Des Weiteren wird festgelegt, über welche Kanäle und in welchen Zeitfenstern die Lernenden untereinander und mit der Lehrperson kommunizieren können. Dies ist besonders wichtig für die Distanzlernphase. In diesem Schritt müssen auch die präzisen Aufträge für die Lernenden formuliert werden, sodass diese genau wissen, was sie in welcher Phase zu tun haben.
- *Erfolgskontrollen durchführen:* Wie in jedem Unterricht muss auch in BLA die Lernzielerreichung mittels geeigneter Tests überprüft werden.

3.3.4 Besondere Anforderungen bei der Planung von BLA

Beim Unterricht nach dem Konzept des Blended Learning muss auf vier Aspekte besonders geachtet werden: auf die Nahtstellen der Distanz- und der Präsenzlernphasen, auf das selbstständige Lernen und damit verbunden auf den Umgang mit multiplen Zielen.

Nahtstellen der Präsenz- und Distanzlernphasen

Die Präsenz- und die Distanzlernphasen müssen gut miteinander verbunden werden. Zur Veranschaulichung dieser Verbindung soll das Bild der Brücke dienen (Abbildung 9, unten). In BLA bewegen sich die Lernenden im Präsenzunterricht auf festem und sicherem Boden. Sie werden je nach Grad der Selbstständigkeit durch die Lehrperson geführt und gelenkt. In der Distanzlernphase sind die Lernenden hauptsächlich auf sich selbst gestellt. Für diese Phase muss die Lehrperson nun eine Brücke bauen, deren beiden Enden verbunden sind mit den Präsenzlernphasen. Beim Bau dieser Brücke muss die Lehrperson darauf achten, dass die Brücke tatsächlich am richtigen Ort steht, das heißt die vorangehende Präsenzlernphase (Lernschritte 1 und 2 in Abbildung) führt direkt zur Brücke (Lernschritt 3) hin und die Brücke führt an ihrem Ende wiederum direkt zur nächsten Präsenzlernphase (Lernschritt 4), indem die Präsenz- und Distanzlernphasen sich aufeinander beziehende Lernschritte beziehungsweise Lernprozesse bilden.

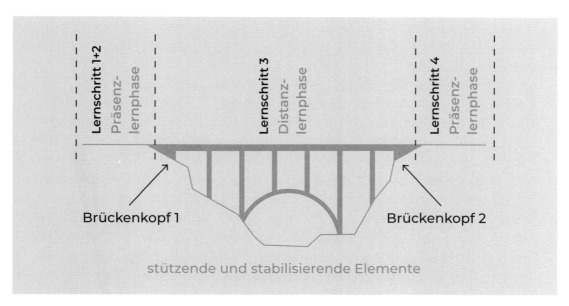

Abbildung 9: Der Weg der Lernenden im Blended-Learning-Unterricht

Damit die Lernenden sich gut und zielgerichtet bewegen können, muss die Brücke stabil gebaut werden. Dafür müssen stützende und stabilisierende Elemente verwendet werden. Solche Elemente sind präzise Aufträge und die Kommunikation mit Mitlernenden und Lehrenden. Jede Brücke hat zwei Brückenköpfe, die die beiden Brückenenden mit dem festen Boden verbinden. Diesen Brückenköpfen kommt in BLA eine besondere Bedeutung zu. Beim Brückenkopf 1, den die Lernenden vom Land (Präsenzlernen) auf die Brücke (Distanzlernen) passieren, muss die Lehrperson durch geschickte Unterrichtskommunikation aufzeigen, wie das bisher Erarbeitete mit den Aufgaben, die in der Distanzlernphase zu leisten sind, in Verbindung steht;

und beim Brückenkopf 2, den die Lernenden von der Brücke her kommend (Distanzlernphase) passieren, müssen die in der Distanzlernphase geleisteten Arbeiten aufgenommen, besprochen und eventuell korrigiert werden, und die Ergebnisse dieser Arbeiten werden idealerweise in der folgenden Präsenzlernphase weiter verwendet.

Selbstständiges Lernen und multiple Ziele

Blended Learning erfordert von den Lernenden ein höheres Maß an Selbstständigkeit als traditioneller Unterricht. Die Lernenden müssen fähig sein, adäquate Lerninstrumente anzuwenden, sie müssen zum Beispiel recherchieren und Inhalte erfassen und zusammenfassend strukturieren können, sie müssen sich selbst steuern, indem sie Willen aufbringen, sich anstrengen, Ablenkungen ausblenden, und sie müssen das Lernen selbst organisieren (Zeitmanagement, Planung, Monitoring des laufenden Lernprozesses, Reflexion des Ergebnisses und des Prozesses). Da viele Lernende diese Selbstständigkeit nicht im vollen Maß bereits mitbringen, muss im Unterricht auch auf der Ebene des Strategielernens gearbeitet werden. Diese Arbeit erfolgt verknüpft mit den inhaltlichen Unterrichtszielen. Werden diese Kompetenzen im Unterricht integriert erworben, so müssen die Lernenden gleichzeitig multiple Ziele verfolgen, was viele überfordert. Renkl (2016, S. 245 ff.) formuliert auf dem Hintergrund von Forschungsbefunden einige Thesen dazu, die das Problem deutlich machen und mögliche Lösungsansätze für den Unterricht umreißen:

– Multiple Lerninhalte sind beim Schul- und Hochschulunterricht ein häufig auftretendes Problem.
– Die beschränkten Arbeitsgedächtnisressourcen sind ein potenzielles Problem bei multiplen Zielen im Unterricht.
– Die Überlastung des Arbeitsgedächtnisses ist in der Realität selten ein Problem, da die Lernenden sich auf das Verarbeitbare beschränken.
– Gleichzeitiges spontanes Lernen auf verschiedenen Ebenen (zum Beispiel Inhalt und Strategie) ist nicht die Regel. Die Annahme, dass bestimmte offene Lernformen (zum Beispiel entdeckendes Lernen, Projektunterricht, Problem-Based Learning) beim Erwerb von fachlichen Inhalten und überfachlichen Kompetenzen gegenüber direkter Instruktion erfolgreicher seien, ist kritisch zu sehen. Denn man wird «nicht, ohne Beschränkungen in der Informationsverarbeitung zu beachten und ohne instruktionale Maßnahmen, die helfen hohe Anforderungen an Arbeitsgedächtnisressourcen zu bewältigen […], realistischer Weise erwarten können, dass bestimmte offene Methoden die Lernenden gleichsam im Vorübergehen viele Dinge gleichzeitig lernen lassen» (Renkl, 2016, S. 246).
– Das Design der Instruktion beeinflusst in hohem Maß, worauf die Lernenden ihre beschränkten Arbeitsgedächtnisressourcen lenken. Das heißt, die Arbeitsgedächtnisressourcen lassen sich durch die Lehrperson lenken, allerdings besteht die Gefahr, dass zwar gut gemeinte, aber schlecht gemachte Unterstützungsmaßnahmen negative Effekte beim Lernen bewirken.
– Es ist empfehlenswert, für bestimmte Lernepisoden Lernziele zu priorisieren. In kurzen Sequenzen wird man also zum Beispiel in einem ersten Schritt den Erwerb von Fachwissen in den Vordergrund stellen, bevor im zweiten Schritt die Integration angestrebt wird. Besonders wichtig sind Sequenzieren und Priorisieren, wenn die Lernenden noch kein großes (Vor-)Wissen im Fachgebiet haben.

- Der Fokus ist auf zentrale Konzepte und Prinzipien zu legen, um die Anforderungen an das Arbeitsgedächtnis im vernünftigen Maß zu halten. Die Integration muss explizit durch die Lehrperson angeregt werden.

Lerninfrastruktur

Die Lerninfrastruktur hat die Funktion, den Unterricht und somit die Lernprozesse zu befördern. Bei der Gestaltung der Lerninfrastruktur kann man sich durch folgende Fragen leiten lassen (Erpenbeck, Sauter & Sauter, 2015, S. 16):
- Wie können die selbstgesteuerten Lernprozesse initiiert werden?
- Wie können die Lerninhalte am besten zur Verfügung gestellt werden?
- Wie kann das Lernen im Netz gefördert werden?
- Wie können die Lernergebnisse bewertet und dokumentiert werden?

Die Lerninfrastruktur wird im Zusammenhang von E-Learning auch Learning Management System genannt und umfasst in der Regel vier Bereiche:
- Lernorganisation als abgeschlossener Kursraum: Curriculum und Lernziele, Web Based Training, Lerndokumente, Terminpläne, Vereinbarungen, Lerntandems/Gruppen und so weiter,
- Dokumentation von Lernergebnissen: Präsentationen, Übungsergebnisse, Fallstudien, Portfolios, Themenspeicher und so weiter,
- asynchrone Kommunikation: E-Mail, Pinnwand, Forum und so weiter,
- synchrone Kommunikation: Skype, Instant Massage, Chat, Webinar, Virtual Classroom und so weiter.

Erfolgsbedingungen für BLA

Erpenbeck, Sauter & Sauter (2015, S. 7 f.) nennen unter anderem folgende Erfolgsbedingungen für E-Learning-Arrangements:
- Struktur: Längere, selbstgesteuerte Lernprozesse werden nur dann erfolgreich sein, wenn die Lernenden eine klare Orientierung haben. Die pädagogische Forschung hat nachgewiesen, dass die Motivation für den Lernerfolg eine nachgeordnete Bedeutung hat, während die Mobilisierung der Vorkenntnisse, die Herstellung von Verknüpfungen zwischen schon vorhandenem und neuem Wissen und die Anbahnung des Verstehens Lernprozesse nachweislich fördern. Es ist deshalb günstig, wenn nicht mit grafisch aufwendig gestalteten «motivierenden» Elementen begonnen wird, sondern die Lernenden von Anfang an eine klare Struktur der Ziele und Inhalte vermittelt bekommen.
- Verbindlichkeit: Die Lernprozesse müssen mit einem hohen Verbindlichkeitsgrad vereinbart werden, weil sonst die Gefahr besteht, dass sich die ursprünglichen Vorsätze zum Lernen mehr oder weniger in Luft auflösen.
- Kommunikation mit Lernpartnern und Expertinnen: Selbstorganisiertes Lernen setzt voraus, dass die Lernenden offene Fragen mit Lernpartnern und Expertinnen besprechen können. Deshalb kommt der Kommunikation – zum Beispiel in themenbezogenen Foren, in Chats oder Webinaren – eine große Bedeutung zu.
- Regelmäßige Rückmeldung: Selbstgesteuertes Lernen setzt eine Orientierung voraus, das heißt, die Lernenden müssen immer wissen, wo sie stehen. Deshalb sollten sie nach jeder Aufgabe eine klare Rückmeldung erhalten.

– Flankierung: Erfolgreiches Lernen erfordert neben dem regelmäßigen Feedback auch die motivationale Unterstützung durch andere. Dafür eignen sich kleine Lerngruppen besonders gut.

Grabner (2015, S. 30) erwähnt neben den oben aufgeführten Erfolgsfaktoren auch noch die Bedeutung der Kick-off-Veranstaltung, in der neben organisatorischen Aspekten die Methode des Blended Learnings vermittelt und vor allem auch in die Arbeit mit den digitalen Instrumenten eingeführt wird. Zudem ist es wichtig, dass sich alle Beteiligten von Anfang an persönlich begegnen und kennenlernen.

3.3.5 AVIVA und Blended Learning

Die Annahmen und die Phasen des AVIVA-Modells sind auch für die Ausgestaltung von Blended-Learning-Arrangements relevant. Bereits in vorangehenden Abschnitten haben wir auf einzelne Phasen des Modells verwiesen, doch gehen wir an dieser Stelle noch systematischer der Frage nach, welche Rolle Präsenzunterricht und online-basiertes Lernen in den fünf Phasen des Modells spielen können. Dabei ist zu beachten, dass die Phasen nicht immer notwendigerweise in der gleichen Reihenfolge erfolgen müssen – und auch nicht in jeder Lerneinheit (zum Beispiel Lektion) immer gleich gewichtet werden müssen.

Ankommen und einstimmen

Im klassischen Präsenzunterricht besteht das Ziel dieser Phase darin, die Lernenden auf den Lernprozess einzustellen und sie für diesen zu motivieren, etwa indem die Relevanz der Lernziele aufgezeigt wird. Auf den Stufen, welche sich unterhalb der Hochschulbildung befinden, besteht ohnehin meist ein Mindestmaß an Präsenzpflicht, das Ankommen in einem physischen Lernsetting ist somit meist ein wichtiger Start in den Lernprozess.

Das Ankommen ist unseres Erachtens aber auch für das online-basierte Lernen entscheidend. Denn gerade, weil ein Ziel von Blended-Learning-Arrangements darin besteht, dass jederzeit und überall gelernt werden kann, birgt diese Entgrenzung des Lernens die Gefahr, dass Lernen außerhalb des Präsenzunterrichts wenig fokussiert erfolgt, zum Teil in Lernphasen, die so kurz sind, dass sie ein wirksames Lernen erschweren. Je nach Ausgangslage und Bildungsstufe sollten Lernende deshalb dabei unterstützt werden, dass sie in den Lernphasen innerhalb von Blended-Learning-Arrangements jeweils gut ankommen und sich wirklich auf das Lernen konzentrieren können.

Vorwissen aktivieren

Diese Phase soll die Voraussetzungen schaffen für die Aufnahme neuer Informationen, welche existierende Wissensbestände ergänzen, erweitern und transformieren.

Eine Möglichkeit der Vorwissensaktivierung besteht in der Überprüfung des Vorwissens, und gerade in diesem Bereich kann die Nutzung digitaler Medien außerordentlich hilfreich sein, etwa im Rahmen online-basierter Multiple-Choice-Tests. Da sich online durchgeführte Überprüfungen des Vorwissens schnell auswerten lassen, wissen nicht nur die Lehrpersonen, sondern auch die Lernenden selbst – sehr zeitnah –, wo sie in diesem Bereich stehen. Diese Formen der Vorwissensüberprüfung haben sich vor allem bei wenig komplexen Lerninhalten etabliert, sind jedoch auch für komplexere denkbar. Ein Beispiel für eine konsequente Überprüfung des Vorwissens im Rahmen von Multiple-Choice-Tests lässt sich zum Beispiel beim CYP finden (Kasten 4).

> **Das Beispiel CYP (*Challenge Your Potential*)**
>
> CYP ist das führende Kompetenz- und Ausbildungszentrum für zukunftsgerichtetes Lernen in der Schweiz. Es wurde 2003 gegründet durch die fünf größten Schweizer Banken. CYP ist von SwissBanking für die Nachwuchsausbildung der Schweizer Banken beauftragt. Die Basis für den Erfolg des CYPs ist ihr Bildungskonzept und das schweizweit einzigartige Lernprinzip *Connected Learning*.
>
> An mehreren Standorten in der Schweiz und Liechtenstein führt CYP die überbetrieblichen Kurse für angehende Kaufleute in der Bankenbranche durch. Die CYP-Kurse sind ergänzend zur dreijährigen Ausbildung in der Berufsfachschule und in den Betrieben.
>
> Seit 2012 setzt CYP als erste Bildungsorganisation in der Schweiz konsequent *digital devices* im Unterricht ein. In der Zwischenzeit lässt CYP, wie auch viele andere Anbieter, die Lernenden ihre eigenen Geräte nutzen (*Bring Your Own Device*, BYOD). Das onlinebasierte Lernen findet im Wesentlichen auf der Lernplattform von CYP statt. Viele der dort vorhandenen Ressourcen (zum Beispiel E-Books, Filme und Lernprogramme) werden von CYP-internen Fachspezialistinnen und -spezialisten entwickelt.
>
> Im Unterschied zur Berufsfachschule (Text zum Careum, Seite 64) verbringen die Lernenden durchschnittlich nur einen Tag pro Monat bei CYP. An den Kurstagen werden jeweils bankspezifische Themen wie zum Beispiel «Geldwäscherei» oder «Passivgeschäft» behandelt. Um die Präsenzzeit der Lernenden möglichst effektiv zu nutzen, spielt die online-basierte Vor- und Nachbereitung eine zentrale Rolle.
>
> Nach der Anmeldung erfolgt die individuelle Vorbereitung. Kernstück der Vorbereitung ist die Erarbeitung eines problemorientierten «Case», welcher die Lernenden in ihrer persönlichen Situation oder der Bankpraxis abholt und das theoretische Wissen emotional verknüpft. Unterstützt wird die Case-Erarbeitung durch die Nutzung von E-Books oder Lernfilmen. Weitere Elemente sind eine Selbsteinschätzung des Lernstoffs und ein online-basierter Test, welcher spätestens bis fünf Tage vor dem Präsenzkurs bestanden werden muss. Die Testresultate erhalten die Lernenden und ihre Praxisausbildenden in der Bank nach Testende. Sofern die Lernenden den Test mehrfach nicht bestanden haben, senden sie CYP eine schriftliche Reflexion, welche am Kurstag mit ihnen besprochen wird.
>
> Der Kurstag wird nur begrenzt zur Informationsvermittlung genutzt, sondern dient primär der Vertiefung und Anwendung des Lernstoffs. In einer Vierergruppe gleichen die Lernenden ihre Cases aus der Vorbereitung miteinander ab und ergänzen sie. Danach erarbeiten sie in derselben Gruppe einen neuen Case. Der Kurs schließt mit einer weiteren online-basierten Selbsteinschätzung. Die Kursnachbereitung endet mit einem online-basierten Schlusstest, der im optimalen Fall bestanden werden sollte. Danach gilt es, die Erkenntnisse aus den Cases und das erlernte Wissen im Betrieb umzusetzen.

Kasten 4: Blended Learning am CYP, Schweiz; Quelle: CYP (2020)

Eine andere Möglichkeit besteht darin, dass Lernende ihr Vorwissen in E-Portfolios darstellen oder in anderen digitalen Produkten, welche sie leicht mit anderen teilen können. Dies bietet sich etwa in der Berufsbildung an, wo Lerninhalte – wenn immer möglich – auf die Erfahrungen der Lernenden in der Arbeitswelt bezogen werden (Lahn & Nore, 2018).

Gleichzeitig bleibt das Klassengespräch im Präsenzunterricht eine sehr effektive und effiziente Form der Vorwissensaktivierung, durch welche sich – etwa in der Berufsbildung – innerhalb von kurzer Zeit Erfahrungsbeispiele aus der Praxis der Lernenden diskutieren lassen.

Informieren

Immer schon ließ sich die Phase des Informierens auch außerhalb des Präsenzunterrichts organisieren. Die Möglichkeiten haben sich durch die digitalen Technologien jedoch enorm erweitert. So lassen sich Vorträge von Lehrpersonen und Dozierenden problemlos aufnehmen und über eine entsprechende Lernplattform verfügbar machen, wie es in der Hochschulbildung (auch im Rahmen von öffentlich zugänglichen Onlinekursen, den MOOCs) häufig geschieht. Verbreitet sind auch E-Books; sie sind vor allem dann attraktiv, wenn Lernende die Möglichkeit erhalten, zentrale Abschnitte leicht in ihre Lerndokumentation (zum Beispiel E-Portfolio) zu übernehmen.

Besonders für die Phase des Informierens gilt, dass auch bei der Nutzung digitaler Medien die Komplexität im erforderlichen Maß reduziert wird – und dass die zugänglich gemachten Lerninhalte möglichst auf den entsprechenden Lernkontext zugeschnitten sind.

Oft wird in der Phase des Informierens auf eine Kombination von Präsenzlernen und online-basiertem Lernen gesetzt, es wird also nicht einfach auf das Präsenzlernen verzichtet. Dabei ist jeweils sorgfältig zu klären, welche Inhalte aus welchen Gründen im einen oder eben im anderen Lernformat dargeboten werden. Redundanzen können dabei durchaus sinnvoll sein, aber sie sind bewusst einzuplanen – oder zu vermeiden.

Verarbeiten

Die Phase der Verarbeitung ist auch im herkömmlichen Präsenzunterricht jene, in welcher die Eigenarbeit der Lernenden (allein oder in Gruppen) oft bereits ein großes Gewicht hat. In-Blended-Learning-Arrangements bestehen für diese Phase noch weit mehr Möglichkeiten, zum Beispiel durch Übungs- und Simulationsprogramme oder durch Lernspiele. Die technologische Entwicklung hat auch dazu geführt, dass die online-basierte Vertiefung von Lerninhalten nicht nur als Einzelarbeit, sondern eben auch stärker interaktiv erfolgen kann, beispielsweise im Rahmen von online-basierten Spielen, Simulationen oder auch Foren/Chats.

Die mittlerweile sehr großen Möglichkeiten zur online-basierten Vermittlung von Informationen lassen es jedoch auch zu, bei der Vertiefungsphase ganz bewusst auf Präsenz zu setzen, vor allem dann, wenn die Vertiefung in Gruppen erfolgt. In BLA soll die Präsenz der Lernenden in der Vertiefungsphase aber nach Möglichkeit immer zu Resultaten führen, die auch elektronisch dokumentiert sind, entweder für alle zugänglich (zum Beispiel über das LMS) oder aber in einem persönlichen E-Portfolio.

Auswerten

Bei der Ausgestaltung der Auswertungs- und Prüfungsphase ist primär darauf zu achten, dass die auszuwertenden Inhalte abbilden, was im Lauf der vorangegangenen Phase gelernt und vertieft worden ist. Vor diesem Hintergrund ist sodann zu entscheiden, ob online-basierte Prüfungsformen zielgerichtet eingesetzt werden sollen.

Auf jeden Fall nehmen die Möglichkeiten in diesem Bereich laufend zu. Stark verbreitet sind vor allem in der Hochschulbildung online-basierte Multiple-Choice-Tests, die sich häufig mit wenig Aufwand auswerten lassen. Auch wenn solche Tests mittlerweile für die Lösung komplexerer Fragen erstellt werden, besteht die Gefahr, den Fokus zu stark auf verhältnismäßig tiefe Kompetenzstufen zu legen.

Für summative Prüfungsformen war bisher der Einsatz von BYOD-Geräten auch mit ganz wesentlichen Missbrauchsrisiken verbunden, die etwa durch die Verwendung des Flugmodus nicht überzeugend eingedämmt werden konnten. Eine Möglichkeit stellt jedoch die Verwendung von sogenannten *Safe Exam Browsers* dar, die laufend verbessert werden (Frankl, Schartner & Zebedin, 2012).

3.4 Prüfen

Beim Prüfen mit Bezug auf AVIVA sind zwei Prüfungsformen zu unterscheiden. Einerseits sind die Scharnierstellen, also die Übergänge zwischen den einzelnen Phasen, von zentraler Bedeutung. Die Lernenden und die Lehrpersonen sollen beispielsweise überprüfen, ob am Ende der Phase «Vorwissen aktivieren» das bereits vorhandene Wissen gezielt aktiviert und allfällige Fehlkonzepte aufgedeckt worden sind, damit das neue Wissen systematisch aufgebaut und mit den bestehenden Wissensstrukturen in Verbindung gesetzt werden kann. Diese Art der Überprüfung bezeichnet man als formativ.

Andererseits wird durch eine Prüfung ein Thema oder eine Lerneinheit abgeschlossen und die Lernenden erhalten in Form einer Note oder eines Berichts eine Rückmeldung, wie gut sie das erarbeitete Wissen und Können beherrschen. Genau hier setzt das summative Prüfen an. Für alle Beteiligten ist es wichtig, eine Unterrichtssequenz abzuschließen, um dann wieder etwas Neues in Angriff nehmen zu können.

In den nachfolgenden Ausführungen setzen wir zuerst an bei den Scharnierstellen, also beim formativen Prüfen. Dann zeigen wir auf, welche Kriterien bei der Gestaltung von Prüfungen am Ende einer Unterrichtseinheit berücksichtigt werden müssen (summative Prüfungen). Schließlich beleuchten wir einige Facetten des kompetenzorientierten Prüfens und verdeutlichen dabei, wie wichtig es ist, die klassischen Gütekriterien zu erweitern.

3.4.1 Das formative Prüfen

In allen Unterrichts- und Ausbildungssettings ist es wichtig, regelmäßig Rückmeldungen zum aktuellen Stand des Lernprozesses zu erhalten, ohne dass diese bereits in die Notengebung einfließen. Die Lernenden erhalten eine Rückmeldung zum individuellen Stand ihres Lernprozesses und zu ihren Stärken und Schwächen. Lernende und Lehrpersonen können die Ergebnisse des Lernprozesses analysieren und aus den Erkenntnissen Ziele formulieren, wie das Lernen optimiert werden kann. Dies setzt voraus, dass die Lernenden ihr eigene Leistung realistisch einschätzen können und somit über eine solide Basis für die weiterführenden Lernprozesse verfügen. Sie sind in der Lage, ihr Lernen selbst zu regulieren und auch ihre Motivation für das weiterführende Lernen aufrechtzuerhalten.

Beim *direkten Vorgehen* nach AVIVA erfolgen die Rückmeldungen zum Leistungsstand zuerst durch die Lehrperson, indem sie mündlich oder schriftlich (Kontroll-)Fragen in den Unterricht einbringt und die Lernenden bei der Beantwortung der Fragen sofort eine Rückmeldung erhalten. Die Fragen sind vorerst auf das Verstehen ausgerichtet. Dabei stehen Fragen im Vordergrund, welche darauf abzielen, Ergebnisse und Sachverhalte zu durchschauen, Erklärungen nachvollziehbar zu machen, Inhalte strukturell zu erfassen und in eigenen Worten wiedergeben zu können. Die Lernenden erhalten dadurch eine Rückmeldung und erfahren, wo sie ansetzen müssen, um die nächste Phase nach AVIVA erfolgreich zu meistern. Die Auswertung der Fragen ermöglicht es der Lehrperson, den Unterricht anzupassen und bei Bedarf bestimmte Inhalte nochmals zu besprechen, bevor der nächste Lernschritt angegangen wird.

Abbildung 10: Formatives Prüfen – Übergänge zwischen den AVIVA-Phasen werden bewusst thematisiert

Beim *indirekten Vorgehen* nach AVIVA steht die Selbsteinschätzung der Lernenden im Zentrum. In einem Lernjournal dokumentieren sie ihre Erkenntnisse und reflektieren gezielt das Vorgehen. Die Lehrperson kann dazu Fragen vorgeben, die den Einsatz von kognitiven, metakognitiven und motivationalen Strategien thematisieren (Drei-Schichten-Modell des Lernens, Seite 18). Dazu einige Beispiele:

PHASE	FRAGENKATALOG (BEISPIELE)
Ankommen	- Wie gut kann ich mich von der individuellen Alltagswelt verabschieden und mich auf die Welt des Unterrichts und Lernens einstellen? - Habe ich eine erste Vorstellung davon entwickelt, welche Inhalte die Lehrperson heute vorgesehen hat? - Habe ich die subjektive Bedeutung und den Sinn des Themas erfasst und konnte ich einen Bezug zur Lebenswelt herstellen? - Haben ich die Arbeits- und Lernmaterialen bereitgelegt und den Kontakt zu den anderen Lernenden aufgenommen?
Vorwissen aktivieren	- Was weiß ich bereits über das Thema? Wo bin ich diesem Thema begegnet und in welchem Zusammenhang? - Was interessiert mich an diesem Thema? - Haben wir im Lerntandem das Vorwissen zum Thema in eine gut strukturierte und visualisierte Form bringen können? - Haben wir den Komplexitätsgrad des Unterrichtsgegenstands richtig eingeschätzt? - Ist es uns gelungen, durch das Formulieren von Fragen assoziative Netzwerke offenzulegen?
Informieren	- Haben wir Oberflächen- und Tiefenstrategien bei der individuellen Erarbeitung der Texte gezielt eingesetzt? - Wie gut konnten wir metakognitive Strategien wie antizipieren, planen und überwachen anwenden? - Wurden die neuen Erkenntnisse in einer für uns sinnvollen Art und Weise festgehalten und zur Weiterverarbeitung verdichtet?
Verarbeiten	- Haben wir uns für das Erstellen des Produkts eine Strukturskizze erstellt und eine zeitliche Abfolge der Schritte festgelegt? - Konnten wir die selbst formulierten Qualitätskriterien für unser Produkt bei der Auswertung auch anwenden? - Wie gut haben wir die Handlungsspielräume nutzen können, um die selbst formulierten Ziele anzupassen?
Auswerten	- Wie gut haben wir die Zielvorgaben erreicht? - Welche Hindernisse mussten wir überwinden, um die Arbeit fristgerecht einzureichen? - Können wir gezielt Erholungsphasen einplanen, um das nächste Projekt mit Freude angehen zu können?

Tabelle 16: Indirektes Vorgehen mit Fragenkatalog

Lernfortschritte werden dann erzielt, wenn das eigene Lernen immer wieder hinterfragt und optimiert wird. Dabei kommt beim direkten Vorgehen den gezielten Rückmeldungen der Lehrpersonen eine große Bedeutung zu. Die Lernenden erfahren dadurch, dass ein stetiges Überprüfen der Lernfortschritte ein wichtiger Bestandteil des Lernens ist. Beim indirekten Vorgehen erfahren sie durch die Reflexion des Lernprozesses, wie der gezielte Einsatz von kognitiven, metakognitiven und motivationalen Strategien sich positiv auf das Lernergebnis auswirken kann.

3.4.2 Das summative Prüfen

Die summative Beurteilung wird häufig auch als Prüfung, Test, Klausur oder Abschlussarbeit bezeichnet. Sie steht in der Regel am Ende einer längeren Unterrichtssequenz oder Ausbildungseinheit und hat eine Selektionsfunktion. Meistens erfolgt die Rückmeldung in Form einer Ziffernnote, die aufzeigt, wie gut die Lernenden die Prüfung gemeistert haben.

Die Anwendung von AVIVA in vier Feldern pädagogisch-didaktischen Handelns

Beim Lernen nach AVIVA steht die Phase «Auswertung», in der auch das summative Prüfen angesiedelt ist, nicht isoliert da. Hier fließen alle Fäden zusammen und die Lernenden und Lehrpersonen ziehen eine Bilanz, wie erfolgreich sie gearbeitet haben. Hier macht es sich bezahlt, wenn die Phasen nach AVIVA sorgfältig durchgearbeitet und für die Unterrichtseinheit prägnante, realistische und für die Lernenden erreichbare Ziele formuliert wurden, die jetzt überprüft werden können.

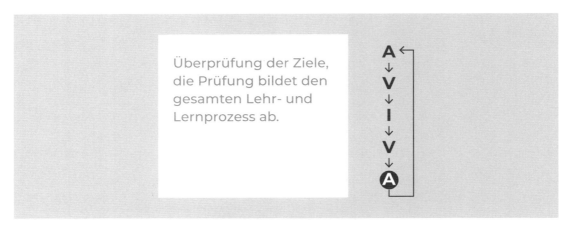

Abbildung 11: Summatives Prüfen – der gesamte Lehr- und Lernprozess im Blick

AVIVA kann jetzt gut auch auf den Kopf gestellt werden. Bereits zu Beginn des Unterrichts ist sich die Lehrperson bewusst, dass sich die Prüfung am Ende der Unterrichtseinheit aus jenen Aufgabenformen und -typen zusammensetzen wird, die bereits im Lehr- und Lernprozess als Lernaufgaben bearbeitet wurden. Diese elementare pädagogische Überzeugung lässt sich aus den zwei folgenden Gütekriterien für faire Prüfungen ableiten (Städeli & Pfiffner, 2018, S. 70–71):

Chancengerechtigkeit: Die Prüfungen sollen ein Abbild dessen sein, was im Unterricht erarbeitet wurde; dies bezieht sich auf die inhaltliche Struktur, auf das Anspruchsniveau (der Aufgaben) und auf die zeitliche Gewichtung der Themen innerhalb der Unterrichtseinheit. Prüfungen erfassen also nur das, was die Lernenden im Unterricht an Lerngelegenheiten hatten. Daraus lässt sich auch das Prinzip «Wer lehrt, prüft» ableiten und somit die zentrale Aussage von John Hattie (2012, S. 21–22) untermauern, dass es der Lehrperson gelingen muss, den Unterricht – und somit auch die Prüfungen – mit den Augen der Lernenden zu sehen.

Gültigkeit: Geprüftes Wissen und überprüfte Kompetenzen müssen auch das abbilden, was die Lernenden gemäß Lehrplan, Lern- und Leistungszielen oder Kompetenzkatalog beherrschen sollen. Bezogen auf AVIVA wird hier deutlich, wie wichtig es ist, die Phase der Vorwissensaktivierung sorgfältig zu gestalten, damit die Lernenden das neue Wissen, das durch die Lehrpläne vorgegeben wird, mit den bestehenden Wissensstrukturen verbinden können (siehe Seite 26). Von der sorgfältigen Abklärung der Vorwissensbestände hängt dann auch der zeitliche Umfang der Informationsphase und die Art der Informationsverarbeitung ab. Die neuen Inhalte sollen gut in die bestehenden Wissensstrukturen integriert werden, um dann in der Prüfung aus dem Langzeitgedächtnis aktiviert werden zu können.

Neben der Gültigkeit und der Chancengerechtigkeit, die für das Lernen nach AVIVA im Zentrum stehen, müssen bei Prüfungen auch die Zuverlässigkeit und die Ökonomie berücksichtigt werden. Eine Prüfung ist dann zuverlässig, wenn sie nicht durch Messfehler verfälscht wird. Dabei gelten für alle Lernenden bei der Durchführung, Auswertung und der Interpretation der Prüfung dieselben Bedingungen. Und eine Prüfung ist dann «ökonomisch», wenn sie möglichst wenig Konstruktionsaufwand verursacht, wenn möglichst viele Prüflinge gleichzeitig geprüft werden können und sich die Ergebnisse möglichst effizient auswerten lassen.

Als Referenzgröße für die summativen Prüfungen gilt der Unterricht, welchen die Lernenden durchlaufen haben. Die Kriterien der «Chancengerechtigkeit» und «Ökonomie» dürfen die zwei zentralen Kriterien der «Gültigkeit» und «Zuverlässigkeit» nicht aushebeln. Dies wäre beispielsweise dann der Fall, wenn nach einer prozessorientierten Unterrichtseinheit bei der Überprüfung der Leistungen den Lernenden nur geschlossene Fragen vorgelegt würden.

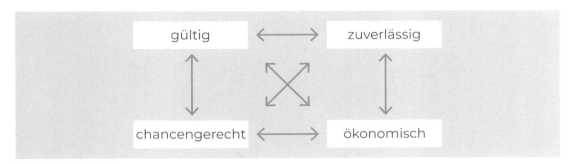

Abbildung 12: Klassische Gütekriterien für eine Prüfung

AVIVA kann also auch bei der Konstruktion von Prüfungen gut als Analyse- und Orientierungsraster herangezogen werden. Wird bei der Gestaltung des Unterrichts vorwiegend der direkte Weg gewählt (siehe Seite 14), so werden bei der Prüfung auch eher geschlossene Aufgabenformen aufgeführt sein. Umgekehrt, also beim indirekten Vorgehen, bei dem den Lernenden komplexe Problemstellungen vorgegeben werden, wird sich die Prüfung vor allem aus offenen Aufgabenformen wie «freie Bearbeitungsaufgaben» und «Fallstudien» zusammensetzen. Dies führt uns zum nächsten Thema, zum kompetenzorientierten Prüfen.

3.4.3 Kompetenzorientiertes Prüfen

Heute sind Lehrpläne meist auf Kompetenzen ausgerichtet, über welche die Lernenden am Ende der Ausbildung verfügen müssen. Dazu gehören sowohl fachliche Kompetenzen als auch Methoden-, Selbst- und Sozialkompetenzen, die weit über das Fachliche hinausgehen. Um mit den Lernenden ihre Kompetenzen aufbauen zu können, muss der Unterricht kompetenzorientiert gestaltet werden. Im einführenden Kapitel zu diesem Buch haben wir unsere Vorstellung von kompetenzorientiertem Unterricht wie folgt umschrieben (siehe Seite 10):

«Kompetenzorientiert unterrichten bedeutet, die fünf Phasen des AVIVA-Modells bei der Planung sowie Durchführung des Unterrichts sorgfältig zu beachten, den Lernenden den Weg mit verschiedenen Methoden mehr oder weniger strukturiert vorzugeben und sie durch die Wahl der Methoden in Situationen zu versetzen, die sie nur durch den klugen Einsatz von Ressourcen meistern können. Der gezielte (und kreative) Einsatz von geeigneten Ressourcen selbst ist dann das, was wir letztlich als (Lern-)Kompetenz bezeichnen.»

Die Anwendung von AVIVA in vier Feldern pädagogisch-didaktischen Handelns

Für das Prüfen bedeutet dies, dass die Lernenden nachweisen müssen, wie gut sie eine (komplexe) Problemstellung, durch den gezielten und kreativen Einsatz von Ressourcen, bewältigen können. Dabei wird das im Unterricht erarbeitete Wissen und Können angewendet.

Die Lernenden setzen beim Bearbeiten der Problemstellung kognitive, metakognitive und motivationale Strategien ein und durchlaufen dabei selbstständig die fünf Phasen nach AVIVA: ankommen und sich auf die Problemstellung einstimmen, das Vorwissen aktivieren und die für das Bearbeiten der Problemstellung notwendigen Ressourcen mobilisieren, Problemstellung bearbeiten, vor der Abgabe des Produkts die einzelnen Schritte nochmals kontrollieren, Rückblick halten und eine eigene Einschätzung abgeben.

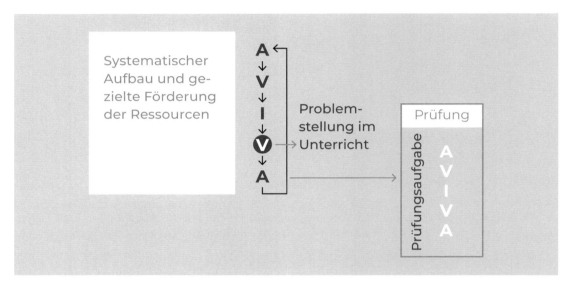

Abbildung 13: Kompetenzorientiertes Prüfen

Das kompetenzorientierte Prüfen nach AVIVA lässt sich gut mit prozessorientierten Prüfungsformen umsetzen, bei denen nicht nur ein Produkt, sondern auch der Lernprozess und eine Präsentation bewertet werden. In der nachfolgenden Tabelle sind verschiedene Möglichkeiten aufgeführt, mit welchen Instrumenten und Verfahren eine Bewertung in diesen drei Bereichen vorgenommen werden kann (Städeli & Pfiffner, 2018, S. 42).

BEWERTUNG DES PROZESSES	BEWERTUNG DER PRÄSENTATION ODER DER VERÖFFENTLICHUNG	BEWERTUNG DES PRODUKTS
Beobachtung des Lernverhaltens einer Person Beobachtung der Gruppenprozesse Lernprotokolle Lerndokumentation Planungsinstrument usw.	Einzelpräsentationen Gruppenpräsentationen Rollenspiele Ausstellung Kiosk Infomarkt Podium usw.	Schriftliche Dokumentation Flyer Arbeitsbeschreibung Produkt (Poster, Bild, Modelle, Collage ...) Film, Hörspiel usw.

Tabelle 17: Bausteine einer Bewertung bei prozessorientierten Prüfungen

Beispiele für prozessorientierte Prüfungsformen, bei denen die oben aufgeführten Bausteine enthalten sind, sind Themenmappen, Fallstudien und Projektarbeiten. Für die konkrete Planung, Durchführung und Auswertung einer prozessorientierten Prüfung schlagen wir ein Vorgehen in fünf Schritten vor: Themenfindung, Zielvereinbarung, konkrete Umsetzung, Präsentation und Auswertung (Städeli & Pfiffner, 2018, S. 42). Aus der Gegenüberstellung dieser fünf Schritte und der Phasen nach AVIVA lassen sich folgende Erkenntnisse ableiten:

PROZESSORIENTIERTES PRÜFEN – FÜNF SCHRITTE		PHASEN NACH AVIVA
	A	Ankommen und einstimmen
1. Themenfindung	V	Vorwissen aktivieren
2. Zielvereinbarung		
3. Konkrete Umsetzung	I V	Informieren Verarbeiten
4. Präsentation	A	Auswerten
5. Auswertung		

Tabelle 18: Gegenüberstellung der Schritte prozessorientierten Prüfens und der Phasen nach AVIVA

Ankommen und einstimmen

Gerade in Prüfungssituationen müssen zu Beginn günstige motivationale und emotionale Voraussetzungen geschaffen werden. Die Lernenden sollen sich in dieser Phase auf die Prüfung einstimmen können und das Gefühl entwickeln, dass sie die kommenden Herausforderungen gut meistern können. Diese Phase des Ankommens und Einstimmens ist noch nicht Bestandteil der Prüfung. Wird die Prüfung im Tandem oder im Team absolviert, so gilt es in besonderem Maß, sich mental gemeinsam auf die kommenden Schritte vorzubereiten.

Vorwissen aktivieren

Die Lernenden haben im Unterricht in Bezug auf das Prüfungsthema bereits viel Wissen und Können erarbeitet. Jetzt soll überprüft werden, wie gut sie dies beherrschen. Die vorgegebene Problemstellung wird im Tandem oder Team analysiert und die unterschiedlichen Vorwissensbestände werden durch eine Visualisierung aktiviert. Die Problemstellung soll aus verschiedenen Perspektiven betrachtet werden, um dann bei der konkreten Themenfindung eine Eingrenzung vornehmen zu können. Erst wenn die Lernenden begründen können, weshalb sie sich auf einen besonderen Aspekt eines Themas einlassen möchten, können sie konkrete Ziele für das Produkt formulieren. Folgende Fragen haben sich hier bewährt:
- Warum wurde das Thema beziehungsweise die Problemstellung ausgewählt?
- Welcher Bezug besteht zur Aktualität?
- In welchen Bereichen wollen wir etwas Neues aufdecken?
- Inwiefern ist das Thema für uns in der Gegenwart oder Zukunft relevant?

Bei der Zielformulierung skizzieren die Lernenden in wenigen Sätzen, was sie in welcher Form bearbeitet werden. Die Zielformulierungen müssen möglichst konkret sein.

Informieren und Verarbeiten

Die Lernenden erstellen einen Arbeitsplan. Darin wird aufgeführt, wer was wie wann und wo erledigen wird. Zur Planung gehört auch, systematisch geeignete Informationsquellen zusammenzutragen und sich in der Gruppe zu einigen, wie die neu gewonnenen Erkenntnisse zusammen analysiert und für das Erstellen des Produkts aufgearbeitet werden können. Bei der Ausführung steht dann die Informationsbeschaffung und -verarbeitung im Mittelpunkt. Dabei kommen die im Unterricht erarbeiteten kognitiven, metakognitiven und motivationalen Strategien zum Einsatz. Die Erkenntnisse aus der Planung und Umsetzung werden im Lernjournal festgehalten und reflektiert.

Hier wird besonders gut ersichtlich, wie wichtig es ist, den Unterricht bereits nach diesen AVIVA-Phasen zu gestalten, damit die Lernenden dann bei der Umsetzung einer prozessorientierten Prüfungseinheit diese Schritte selbstständig meistern können. Anbei nochmals eine Zusammenfassung zu den verschiedenen Funktionen der Phase «Verarbeitung» (siehe auch Seite 36).

«Die Verarbeitungsphase hat verschiedene Funktionen: Erstens verarbeiten die Lernenden selbstständig oder unter Anleitung der Lehrperson die in der Phase «Informieren» neu erworbenen Inhalte. Sie erschließen für sich dadurch den Sinnzusammenhang und erkennen, wie und wo die neuen Wissensstrukturen zu verorten sind. Zweitens wenden sie verschiedene Arbeitstechniken und Ressourcen an, um sich mit dem Thema vertrauter zu machen. In dieser Phase können sie Ressourcen gezielt nutzen, also kompetent handeln. Und drittens haben sie in dieser Phase die Möglichkeit, in Tandems oder in Gruppen zu arbeiten. Sie lernen dadurch, sich untereinander zu verständigen. Dabei werden einerseits soziale und kommunikative Kompetenzen gefördert und gefestigt, andererseits profitieren die Lernenden vom Strategierepertoire der Mitlernenden.»

Auswerten

Spätestens in der Phase der Auswertung macht es sich bezahlt, wenn bei der Zielvereinbarung prägnante, realistische und sinnvoll operationalisierte Ziele formuliert wurden. Je präziser die Ziele formuliert sind, umso leichter lassen sie sich überprüfen. Bewertet wird in der Regel anhand von Kriterienlisten der Prozess (Lernjournal und -dokumentation), die Präsentation und das Produkt (siehe Tabelle «Bausteine einer Bewertung prozessorientierter Prüfungen», Seite 80).

Nach Abschluss der Prüfung wird der gesamte Ablauf von der Themenfindung bis zur Auswertung evaluiert. Ein besonderes Augenmerk kommt dabei den Beurteilungskriterien zu. Zu fragen ist auf jeden Fall, ob die Beurteilungskriterien wirklich das erfassen, was geprüft werden sollte und ob die Gewichtung der Punkte im Beurteilungsbogen dem tatsächlichen Aufwand entspricht (Städeli & Pfiffner, 2018, S. 55). Wie im realen Alltag ist es durchaus möglich, dass im Verlauf des Prüfungsprozesses die Zielsetzungen ändern und dadurch die Ergebnisse und das Produkt anders ausfallen als ursprünglich geplant. Dies führt uns wieder zu den Gütekriterien (siehe Seite 79), die bei den prozessorientierten Prüfungen erweitert werden müssen. Die vier klassischen Gütekriterien können wie folgt ergänzt werden.

Gütekriterien für das kompetenzorientierte Prüfen

Wie bereits ausgeführt, gewinnen vor allem die überfachlichen Kompetenzen in Schule und Arbeitswelt zunehmend an Bedeutung. Es reicht längst nicht mehr, wenn sich Lernende Wissen oder Fertigkeiten aneignen; sie müssen zunehmend auch über persönliche, soziale und methodische Kompetenzen verfügen.

Die National Education Association (NAE), die größte amerikanische Gewerkschaft, der Lehrpersonen sämtlicher Schulstufen angehören, befragte vor wenigen Jahren Expertinnen und Experten aus unterschiedlichen Bereichen, was aus ihrer Sicht im 21. Jahrhundert die zentralen «Skills» im Bildungsbereich sein würden. Es hat sich nach der Verdichtung der Antworten gezeigt, dass vier spezifische Kompetenzen künftig im Zentrum stehen werden. Die vier Kompetenzen wurden schnell bekannt als *Four Cs of 21st Century Learning*, die vier K:
- kritisches Denken und Problemlösen
- Kommunikation
- Kooperation
- Kreativität und Innovation (NEA, 2015)

Ein kurzer Blick auf die jüngsten Entwicklungen in der Lebens- und Arbeitswelt (jedenfalls in den hochentwickelten Ländern) zeigt skizzenhaft die Relevanz dieser vier Kompetenzen auf:
- Die Digitalisierung hat inzwischen sämtliche Branchen erfasst, wenn auch in unterschiedlichem Maß. Der Anteil an Routinearbeiten (auch an kognitiven Routinen) sinkt und wird sich weiter reduzieren. Die Arbeit wird anspruchsvoller, mehr und mehr sind Fähigkeiten gefragt, Probleme zu erkennen, zu analysieren und ungewohnte Situationen zu meistern – *Kreativität* ist gefragt.
- Im Beruf wie im Alltag sind wir mit einer wachsenden Flut an Informationen konfrontiert, neue Problemfelder eröffnen sich. Sich im Dschungel der Daten und Informationen zurechtzufinden, fordert nicht zuletzt *kritisches Denken* und natürlich dann auch die Fähigkeit, erkannte *Probleme* zu *lösen*.
- Neben der Neuausrichtung der Arbeitsmärkte verändern sich auch die Formen der Arbeitsorganisation. Euler et al. (2009, S. 3) beschreiben den Prozess wie folgt: «An die Stelle von zentralistischen Organisationen und patriarchalischen Führungssystemen treten Team- und Mitarbeiterorientierung. Die neue Herausforderung besteht in der Entwicklung von Arbeitsstrukturen, die das kreative und synergetische Potenzial von Teams umsetzen und im Rahmen von kontinuierlichen Verbesserungsprozessen immer neue Optimierungen der Geschäftsprozesse auslösen [wobei auch die Bedeutung der neuen Medien immer mehr zunimmt, Anmerkung der Autoren]. Es bedarf daher selbstverantwortlich, entscheidungsorientiert und sozialkompetent handelnder Mitarbeiter/-innen sowie, korrespondierend dazu, Führungskräfte, die Anweisung durch Coaching, Kommandieren durch Unterstützen und Kontrollieren durch Ermöglichen ersetzen [...].»
- «Für die Berufsbildung ergeben sich aus diesen Wandlungsprozessen gravierende Konsequenzen, sowohl auf der personellen Ebene der Akteure (Lehrende und Lernende) als auch auf der Ebene der Institutionen (Schulentwicklung). In diesem Zusammenhang ist auf die erhöhte Bedeutung von Selbstlernkompetenzen und Teamkompetenzen hinzuweisen, einerseits als Voraussetzung zur (Mit-)Gestaltung der oben skizzierten Entwicklungen, andererseits als Ziel von Lehr- und Lernprozessen» (a. a. O.) – womit wir bei der *Kommunikation* und *Kooperation* angelangt sind.

Will man nun die oben kurz gestreiften Kompetenzen im Unterricht prüfen, so sollen zu den herkömmlichen Gütekriterien (Gültigkeit, Zuverlässigkeit, Ökonomie und Chancengerechtigkeit) einige Gedanken bezüglich neu anzustrebender Gütekriterien, die sich an den 4K orientieren, dazukommen.

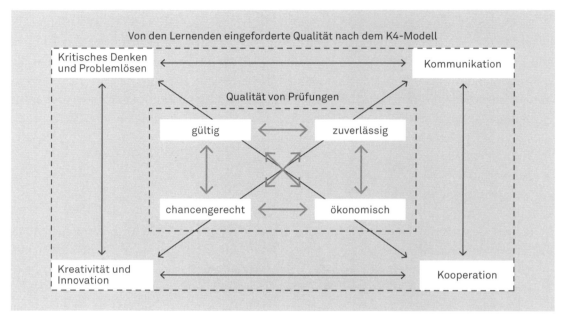

Abbildung 14: Klassische Gütekriterien für Prüfungen, erweitert um die 4K (Städeli & Pfiffner, 2018, S. 72–73)

Kritisches Denken und Problemlösen

Beim kritischen Denken und Problemlösen geht es primär um vernetztes Denken. Komplexe Fragestellungen und Themen sollen analysiert, in einzelne Teile gegliedert und aus verschiedenen Blickwinkeln betrachtet werden. Fakten, Hintergrundwissen und Tatsachen müssen dabei hinzugezogen werden, um dann interpretiert und reflektiert werden zu können.

Beim kritischen Denken und Problemlösen kommen die in der klassischen Lernzieltheorie (Bloom, 1956) verwendeten Zielebenen der Analyse, der Synthese und der Beurteilung (Taxonomiestufen 3 bis 5) sowie letztlich des Transfers zur Anwendung.

Kritisches Denken setzt ein ebenso breites wie tiefes Fundament bezüglich der Grundkenntnisse eines Wissensbereichs (Taxonomiestufen 1 und 2) voraus, damit auf deren Grundlage analysiert, synthetisiert und beurteilt werden kann. Die Beurteilung entspricht in diesem Fall – zusammen mit den beiden vorgelagerten Schritten – dem kritischen Denken, dem Hinterfragen, dem Analysieren, um schließlich ein Problem zu lösen (Sterel et al., 2018, S. 147 f.).

Und genau so soll es auch beim Erstellen von kompetenzorientierten Prüfungen sein. Getreu dem Grundsatz, dass Prüfungen ein Stück weit den Unterricht abbilden (Städeli & Pfiffner, 2018, S. 17), drängt es sich auf, dass neben einem kleinen Grundstock des Basiswissens auf den Taxonomiestufen 1 und 2, wenn immer möglich mehr als die Hälfte aller zu vergebenden Punkte aus Aufgaben generiert werden, die auf den Taxonomiestufen 3 bis 5 basieren. Sie decken damit die Analyse, die Synthese sowie die Beurteilung ab. Auf diese Weise können das kritische Denken und Problemlösen aussagekräftig geprüft werden. Damit können Lehrpersonen dem kompetenzorientierten Unterricht, der weit über das Vermitteln von Faktenwissen geht, gerecht werden. Es sollen also anspruchsvolle Aufträge für die Prüfung formuliert werden, die das Analysieren, Synthetisieren und Beurteilen in den Fokus rücken und die sich nur mit den im Unterricht und in Aufträgen entsprechend aufgebauten und erworbenen Kompetenzen lösen lassen.

Kommunikation

Gedanken ausdrücken und präzise artikulieren, Meinungen vertreten, kohärente Anweisungen geben sowie andere durch die Kraft der Sprache überzeugen sind nur einige Fähigkeiten, die schon immer an jedem Arbeitsplatz und selbstverständlich auch im öffentlichen Leben wichtig waren. Im 21. Jahrhundert werden diese Fähigkeiten aufgrund der weltweiten Vernetzung, der sich rasch verändernden digitalen Kommunikation und der erdrückenden Menge an – zum Teil auch unnützen – Informationen aber zunehmend wichtiger. Jeder Mensch sollte in der Lage sein, eine Information rasch und sicher zu analysieren und zu verarbeiten. Dazu gesellen sich Herausforderungen, die mit der Digitalisierung stark zugenommen haben. Es sind vorwiegend die Fragen nach der Qualität der Information und der Vertrauenswürdigkeit der Informationsquelle.

Für das kompetenzorientierte Prüfen bedeutet dies nichts anderes als möglichst häufig die Sprachkompetenzen in den folgenden Bereichen zu überprüfen:
- rezeptive Sprachkompetenz (die Fähigkeit, verbale und nonverbale Kommunikation zu verstehen)
- produktive Sprachkompetenz (die Fähigkeit, verbal und nonverbal wirksam zu kommunizieren)
- normative Sprachkompetenz (die Fähigkeit, in verbaler und nonverbaler Kommunikation Normen und Konventionen wie Gesprächsregeln, Begrüßungsformeln, Höflichkeitskonventionen, Grammatik, Orthografie, Zeichensetzung und so weiter zu beachten)

Es sollen also Aufgaben im schriftlichen wie im mündlichen Bereich gestellt werden, die die oben aufgeführten Sprachkompetenzen überprüfen. Mit den prozessorientierten Prüfungsformen (Städeli & Pfiffner, 2018, S. 41 ff.) bieten sich ideale Möglichkeiten. So können nicht nur das Produkt, sondern auch der Lernprozess und eventuell eine Präsentation bewertet werden. Den Lehrkräften stehen so verschiedene Möglichkeiten zur Verfügung, bei denen sie die Ansprüche der Kompetenzorientierung einlösen können.

Kooperation

Im Zusammenhang mit neuen, vor allem kooperativen Formen der Arbeits- und Betriebsorganisation gilt es festzuhalten, dass das Zusammenarbeiten auch in den Klassenzimmern immer wichtiger wird, um qualitativ hochstehende Ergebnisse zu erzielen. Die letzten Jahrzehnte haben gezeigt, dass das Einzelkämpfertum im Zug der Globalisierung und des technischen Fortschritts wohl keine Chance mehr hat.

Das Arbeiten im Team wird an Schulen zunehmend häufiger geübt. Bei allen Bestrebungen der Lehrkräfte, einen schülerzentriert(er)en und -aktivierend(er)en Unterricht anzubieten, bleibt aber noch ein weiter (Lern-)Weg für alle Beteiligten, Kooperation an den Schulen auch zu prüfen. Hier eignen sich ebenfalls Prüfungsformate, bei denen einzelne Bewertungsbereiche für Lerntandems oder -gruppen herausgegriffen werden können.

Beispielsweise können Prozesselemente (Lerndokumentationen, Planungsinstrumente und so weiter), Präsentationsbereiche (Rollenspiele, Ausstellungen und so weiter) oder Produkte (Videoclips, Plakate und so weiter) für mehrere Lernende beurteilt werden (siehe Tabelle 17, Seite 80). Wichtig ist hier der Einsatz transparenter Kriterienraster, die vorgängig ausführlich mit den Lernenden besprochen wurden. Mit diesen ist es möglich, beispielsweise eine Gruppenpräsentation zu einem Produkt von drei Lernenden individuell und fair zu beurteilen und zu benoten. Zu unterlassen ist dabei, dass die Lehrkraft eine Gesamtpunktzahl für die Gruppe erlässt, welche die Lernenden dann selbst untereinander aufteilen sollen. Fair ist, wenn jede Schülerin und jeder Schüler ein ausgefülltes Kriterienraster erhält, auf dem sämtliche Beurteilungen ersichtlich sind.

Kreativität und Innovation

Der Begriff «Kreativität» ist schwierig zu fassen. An besonders kreativen Produkten faszinieren beispielsweise deren Neuartigkeit und Originalität. Zur Förderung der Kreativität in Schule und Unterricht bedarf es allerdings weniger herausragender kreativer Leistungen (Beghetto, zitiert in Vollmer, 2016, S. 19), sondern zunächst einmal der Bereitschaft, sich auf kreative Prozesse überhaupt erst einzulassen. Diese zeichnen sich einerseits durch das Lösen von Problemen aus, andererseits aber durch innovative Akte. Typisch ist dabei, dass (Teil-)Ziele und Wege unbekannt, Möglichkeiten vielfältig und ihre Auswirkungen nur schwer prognostizierbar sind. Zur Lösung des Problems ist die Konstruktion und Produktion von bisher unbekannten Zielen und Wegen unabdingbar (Vollmer, 2016, S. 19).

Bei der Kreativität verhält es sich ähnlich wie bei der Kommunikation. Die Lehrperson kann zusammen mit den Lernenden – gerade bei prozessorientierten Prüfungsformen wie beispielsweise Fallstudie, Themendossier, Projekt oder Portfolio – Beurteilungskriterien diskutieren und definieren, die dann auch im Sinn des innovativen Umgangs in einer Selbst- und Fremdevaluation angewendet werden. Der Bereich der Kreativität wird dann seitens der Lehrperson, aber auch seitens der Lernenden in einem zu vereinbarenden Verhältnis gemäß den (gemeinsam) erstellten Kriterien beurteilt und in einer anschließenden Reflexion gemeinsam besprochen.

Diese Vorschläge zur Erweiterung der traditionellen Gütekriterien können systematisch weiterentwickelt und ergänzt werden. Die Hauptgütekriterien Gültigkeit, Zuverlässigkeit, Ökonomie und Chancengerechtigkeit bilden jedoch stets die Grundlage für das faire Prüfen. Denn ohne sie steht der Willkür Tür und Tor offen. Mangelnde Objektivität, Validität und Reliabilität der Urteile sollte dem eigenen Urteil und der eigenen Beurteilungspraxis gegenüber zu einer vorsichtigen Einstellung führen (Becker 2007, S. 62).

4 Ausblick: AVIVA und Positive Bildung

4 Ausblick: AVIVA und Positive Bildung

Die Aufgabe von Schulen und den darin tätigen Lehrpersonen ist es, die Dinge zu klären und die Menschen, das heißt die Schülerinnen und Schüler, zu stärken. Diese von Hartmut von Hentig in seinem Buch «Bildung» (1996) geprägte Kurzformel macht deutlich, dass es beim Lehren und Lernen in der Schule zentral darum geht, in den heranwachsenden Menschen Selbstständigkeit, Selbstbewusstsein und Emanzipation zu fördern. Diese Stärkung der Lernenden hat aber nicht einfach den Zweck, sie zu resilienten Mitgliedern der Gesellschaft zu erziehen, in der sie sich als Wirtschaftssubjekte und Bürgerinnen und Bürger gut integrieren und funktionieren; vielmehr soll die Eigenständigkeit der Jungen auch kritische Urteilskraft umfassen, die unsere Gesellschaft auch über Widerspruch voranbringt.

4.1 Positive Bildung

Damit die jungen Menschen im und durch den Unterricht auch gestärkt werden können, muss die Schule als ganze Institution dafür sorgen, dass sich sowohl Lernende als auch Lehrende in ihrer täglichen Arbeit wohl fühlen, und zwar nicht im Sinn von unbeschwertem und anstrengungslosem Sein, sondern durch sinnhaftes, erfüllendes und zufriedenstellendes Arbeiten.

Martin Seligman (2015) nennt dieses Empfinden Wohlbefinden, und seiner Theorie zufolge besteht dieses aus den fünf Elementen positives Gefühl, Engagement, Sinn, positive Beziehungen und Zielerreichung, die mit dem Akronym PERMA (**P**ositive Emotion, **E**ngagement, Positive **R**elationships, **M**eaning, **A**ccomplishment) zusammengefasst werden.

- *Positives Gefühl*
  Alle Lehrerinnen und Lehrer wissen, dass die Emotionen der Schülerinnen und Schüler beim Lernen eine wichtige Rolle spielen, sind sie doch sehr eng verknüpft mit dem Unterricht und den Lernprozessen (Schutz & Lanehart, 2002). In einer Untersuchung zur Beziehung von Gefühlen von Lernenden und Lernergebnissen konnten Weber, Wagner & Ruch (2016) unter anderem einen starken Wirkungszusammenhang zwischen Charakterstärken der Lernenden und deren schulbezogenen Gefühlen feststellen. Dies trifft besonders auf Elan und Schwung, Ausdauer, Liebe zum Lernen und sozialer Intelligenz zu (mehr zu den Charakterstärken weiter unten). Aufgrund der Ergebnisse ihrer Studie schließen die Autoren (S. 353–354): Gewisse Charakterstärken müssen bei den Lernenden offensichtlich vorhanden sein, damit sie positive Gefühle in der Schule empfinden. Daher sollten diese Charakterstärken im schulischen Umfeld berücksichtigt werden. Praktikerinnen und Praktiker fokussierten jedoch hauptsächlich darauf, die Schwächen ihrer Lernenden anzugehen und auf diese Weise deren Schulerfolg zu erhöhen. Das sei sicher wichtig, doch Merkmale wie die Charakterstärken und die Gefühle der Lernenden würden vernachlässigt. Dahingegen kann aufgrund der Studie von Weber, Wagner & Ruch festgestellt werden, dass gewisse Charakterstärken entscheidend für die positiven Emotionen, aber auch für die schulischen Erfolge der Lernenden sind.

- *Engagement*
 Im schulischen Kontext wird Engagement häufig im Zusammenhang mit sozialen Projekten genannt. Für die Positive Bildung bedeutet Engagement jedoch mehr: Es bedeutet Hingabe an die Arbeit. Die Lernenden lassen sich ein auf die Herausforderungen, die ihnen die Lehrerinnen und Lehrer über anspruchsvolle Aufträge stellen. Sie sind konzentriert, wenden Energie auf und werden von der Arbeit völlig absorbiert, sodass für sie die Zeit gleichsam stillsteht. Für Lehrpersonen ist daher sehr wichtig, dass sie den Lernenden Aufträge erteilen, die die Lernenden in ihre Zone der nächsten Entwicklung sensu Vygotsky führen. Das heißt, die Lernenden müssen die Komfortzone ihres momentanen Wissens und Könnens verlassen, um die Aufträge lösen zu können.

- *Positive Beziehungen*
 Die Beziehungen zwischen Lehrenden und Lernenden, aber auch zwischen den Lernenden bilden quasi die Grundlage für erfolgreiches Lernen. Diese Beziehungen müssen gepflegt werden, allerdings nicht im Sinn einer Symbiose zwischen Lehrenden und Lernenden, sondern im gemeinsamen Lehren und Lernen, im gemeinsamen Engagement und in der geteilten Erfahrung von Erfolg und Scheitern. Wesentlich dafür sind das Unterrichtsklima, der Erziehungsstil und die Kommunikation in der Klasse (siehe dazu ausführlich Städeli, Pfiffner, Sterel & Caduff, 2019, S. 28–57). Es ist klar, dass sich in erster Linie die Lehrperson um die positive Beziehungen im Klassenzimmer bemühen muss, indem sie den Lernenden mit freundlichem Umgang, Vorschussvertrauen, Offenheit für deren Gefühle, Mitgefühl und Engagement für den Lernfortschritt jeder und jedes einzelnen Lernenden gleichsam ein Angebot zu positiven Beziehungen unterbreitet.

- *Sinn*
 Dem Leben eine Richtung geben, das eigene Leben als wichtig und wertvoll empfinden und die eigenen Handlungen als konsistent und zielbestimmt erachten, das alles stiftet Lebenssinn. Damit Schülerinnen und Schüler ihrem Lernen einen Sinn geben können, müssen sie den Unterricht als zielorientiert erfahren, und zwar in dem Sinn, dass sie erkennen können, was sie warum machen. Das heißt, es braucht vonseiten der Lehrperson ebenso Transparenz wie Förderung der Selbstständigkeit und Selbstbestimmung der Lernenden. Auch wenn schulisches Lernen häufig von extrinsischer Motivation (von außen gesetzter Aufforderung zu handeln) geprägt ist, so kann doch ein höherer Grad der Internalisierung und damit ein höherer Grad der von den Lernenden selbst wahrgenommenen Selbstbestimmung gefördert und damit der Sinn des Lernens für die Schülerinnen und Schüler erfahrbar gemacht werden (Deci & Ryan, 1993).

- *Zielerreichung*
 Wohlbefinden hängt stark von der Zielerreichung, das heißt dem Erfolg, und dem Erleben der Selbstwirksamkeit ab. Für den Unterricht bedeutet das, dass die Lernenden Aufgaben meistern und Ziele erreichen können, denn nur, wenn sie immer wieder auch Erfolg haben, entwickeln sie auch ein gewisses Vertrauen in ihre Kompetenzen. Die Selbstwirksamkeit der Lernenden kann gefördert werden, indem Binnendifferenzierungen wahrgenommen werden, die individuellen Lernprozesse begleitet werden, den Lernenden Eigenverantwortung zugemutet wird, herausfordernde Aufgaben gestellt werden, eine

lernförderliche Fehlerkultur herrscht, Lernzuwachs sichtbar gemacht und der Nutzen von Lernergebnissen thematisiert wird (Caduff, Pfiffner & Bürgi, 2018).

Einen wichtigen Bestandteil der Positiven Bildung bilden gewisse Charaktereigenschaften. Für das Lehren und Lernen sind besonders folgende von Bedeutung (siehe UZH, 2015):
- *Kreativität* ist die Fähigkeit, neue Ideen und Verhaltensweisen zu entwickeln, wobei diese auch der Realität angepasst und für das Leben nützlich sind.
- *Neugier* zeichnet sich durch ein Interesse an neuen Erfahrungen aus. Neugierige Menschen sind flexibel und offen gegenüber Neuem und suchen Abwechslung und Herausforderungen.
- *Urteilsvermögen* hat ein Mensch, wenn er Zustände und Probleme objektiv und kritisch analysieren und aufgrund dieser Analyse praktische Lösungen und Verhaltensweisen entwickeln kann.
- *Liebe zum Lernen* zeichnet sich durch eine große Freude an neuem Wissen und neuen Fertigkeiten aus, wobei der Wunsch nach neuen Erkenntnissen und Erfahrungen die Triebfeder ist.
- *Weisheit* heißt Tiefsinnigkeit und Weitsicht. Weise Menschen haben Lebenssinn, eine gute Übersicht und können gut zuhören und anderen kluge Ratschläge geben.
- *Authentizität* bedeutet ehrlich sein gegenüber anderen, besonders aber auch gegenüber sich selbst. Authentische Menschen handeln in Übereinstimmung mit ihren eigenen Gedanken, Gefühlen und Überzeugungen.
- *Tapferkeit* besitzen Menschen, wenn sie ihre Ziele anstreben, ohne sich ablenken und entmutigen zu lassen, auch wenn sich Hindernisse in den Weg stellen. Sie stellen sich den Problemen und können mit ihren Ängsten umgehen.
- *Ausdauer* ist die Fähigkeit, das zu einem Ende zu bringen, was man sich vorgenommen hat. Ausdauernde Menschen lassen sich wenig ablenken und sind beharrlich, das heißt sie verfolgen Ziele konsequent, wobei sie flexibel und anpassungsfähig sind.
- *Enthusiasmus* zeigen Menschen, die sich für Dinge begeistern können. Sie gehen Aufgaben mit Elan an und führen sie auch zu Ende.
- *Soziale Intelligenz* haben Menschen, wenn sie sich selbst, besonders auch ihre Gefühle, gut kennen, wenn sie wissen, wie sie auf ihre Umwelt wirken, und wenn sie Empathie für ihre Mitmenschen haben.
- *Selbstregulation* befähigt Menschen, ihre Gefühle und ihr Verhalten zu kontrollieren und eine starke Selbstdisziplin auszuüben. Das eigene Handeln ist geplant und wird regelmäßig reflektiert.
- *Sinn für das Schöne* ist Menschen eigen, die Schönes, Ästhetisches bewusst wahrnehmen und Freude daran haben und dabei tiefe Gefühle empfinden.
- *Hoffnung* bedeutet eine positive Einstellung gegenüber der Zukunft. Hoffnungsvolle Menschen sind zuversichtlich und können auch mit Scheitern umgehen; Hindernisse sowie Widerstände spornen sie eher an als dass sie diese behindern.

Wohlbefinden im Sinn von PERMA ist ein zentraler Faktor für die Akzeptanz der Schule durch die Lernenden. Darauf aufbauend können wichtige Charakterstärken gefördert werden. Für beides – Wohlbefinden und positive Eigenschaften – spielt der konkrete Unterricht als Kern der Schule die entscheidende Rolle. Im Folgenden soll aufgezeigt werde, wie das geschickte Umsetzen von AVIVA dazu beitragen kann, dass die Lernenden die Institution Schule als positiv wahrnehmen.

4.2 AVIVA und PERMA

In den verschiedenen Phasen von AVIVA können unterschiedliche Elemente des Wohlbefindens der Lernenden gefördert werden (Tabelle 19):

AVIVA-PHASEN	PERMA-ELEMENTE AUS SICHT DER LERNENDEN
Ankommen und Einstimmen	Positive Emotions
Vorwissen aktivieren	Positive Emotions, Meaning
Informieren	Meaning, Engagement
Verarbeiten	Relationship, Engagement
Auswerten	Accomplishment

Tabelle 19: Förderung des Wohlbefindens der Lernenden in den verschiedenen AVIVA-Phasen

– Die Phase «Ankommen und Einstimmen» ist für den Verlauf des ganzen Unterrichts entscheidend. Gelingt es der Lehrperson, positive Gefühle in den Lernenden zu wecken, so können nachfolgend erfolgreiche Lernprozesse angestoßen werden. Emotionen stehen nicht im Kontrast zu Kognitionen (Brohm & Endres 2017). Lehrerinnen und Lehrer richten die Lernenden so an der Sache, am Unterrichtsgegenstand aus, dass diese eine Beziehung dazu entwickeln, Neugier entwickeln, sich Fragen stellen und so weiter. Dies erreicht man zum Beispiel durch ein Bild, einen herausfordernden *Advance Organizer,* eine spannende oder bewegende kurze Geschichte oder eine Verunsicherung, die die Lernenden aufblicken lässt, sie zum Nachdenken anregt und im Idealfall Fragen in den Köpfen entstehen lässt. Hier geschieht Entscheidendes hinsichtlich der Beziehung der Lernenden zum Lerngegenstand. Sie richten ihr Interesse nach außen (auf die Welt) und gleichzeitig werden sie von diesem Außen berührt. Mithilfe der Lehrperson entsteht so eine resonante Beziehung (Rosa, 2016; Rosa, Endres & Beljan, 2017; Beljan, 2017) zur Sache.
– In der Phase «Vorwissen aktivieren» geht es darum, die in der ersten Phase entstehende resonante Beziehung zwischen den Lernenden und der Sache (Lerngegenstand) zu verstärken, indem die Lernenden gleichsam wieder zu sich zurückkehren und sich fragen: Was weiß ich darüber schon? Welche Vorstellungen, welche Einstellungen habe ich dazu? Was muss ich vorher wissen, damit ich mir das Verstehen aneignen kann? Durch das geschickte Aktivieren des Vorwissens gibt die Lehrperson ihren Lernenden zu verstehen: Ihr wisst, versteht und könnt schon einiges, und das wollen wir jetzt vertiefen. Gleichzeitig wird die Neugierde an der Sache noch stärker geweckt. Dies ist für die folgenden Phasen entscheidend, denn Neugierde ist die Voraussetzung dafür, neue Aufgaben anzugehen und dabei gleichzeitig Freude und Leidenschaft für die Sache zu empfinden. Die Aktivierung des Vorwissens hat zudem die Funktion, dass die Lernenden die Sinnhaftigkeit ihres Lernens (und natürlich auch des Lerngegenstandes) erleben. Die Lehrperson macht den Lernenden gegenüber – explizit wie implizit durch ihr Kontextverhalten – deutlich, dass das, was gelernt werden soll, für sie als Lehrperson wichtig ist und dass sie das auch für ihre Lernenden als wichtig erachtet. Sie vermittelt den Lernenden die Haltung:

Wenn ihr das versteht beziehungsweise könnt, dann werdet ihr stärker und erwerbt euch damit mehr Chancen in eurem Leben.

- Die Vermittlung der Sinnhaftigkeit des Lerngegenstands ist auch in der Phase «Informieren» noch bedeutend, denn dieser liegt noch außerhalb der Lernenden, sie haben sich noch nicht intensiv mit ihm beschäftigt, sie haben ihn quasi noch nicht inkorporiert. In dieser Phase kommt auch das Element «Engagement» zur Geltung. Hier lassen sich die Lernenden erstmals auf den Gegenstand ein, und dafür brauchen sie entsprechende Aufträge. Mit der Aufforderung «Lesen Sie mal» oder «Schauen Sie sich die Filmsequenz an» und einem anschließenden «Haben Sie Fragen?» fördert die Lehrperson das Engagement der Lernenden nicht, denn sie werden wenig Effort aufwenden. In dieser Phase müssen die Lernenden sich das Verständnis des Gegenstandes erarbeiten, und das setzt voraus, dass sie dranbleiben, wenn sich ihnen die Sache nicht sofort erschließt. Sie lesen zum Beispiel den Text nochmals, sie machen sich Notizen, sie lesen eine Passage zum dritten Mal, bis sie das Wesentliche einer anderen Person frei erläutern können. Die Lernenden wenden hier also zentrale Erschließungstechniken an und dazu brauchen sie häufig die Hilfe der Lehrperson, die ihnen in einem Auftrag die Richtung weist. Engagement heißt dann, sich Zeit nehmen, um sich das Verständnis zu erarbeiten, und bei Widerstand nicht sofort aufgeben, sondern beharrlich dranbleiben.

- Engagement ist auch zentral für die Phase «Anwendung». Wenn man etwas «nur» versteht, weiß man es noch nicht, oder man kann es noch nicht. Hier muss angewendet, geübt, wiederholt und so weiter werden. Diese harte Arbeit des Lernens bedarf der Ausdauer, der Beharrlichkeit und des Fleißes (Hattie & Zierer, 2016), und das braucht Zeit. Engagement bei den Lernenden fördern heißt, in ihnen das Bewusstsein für Geduld zu stärken, ihnen mitzugeben, dass sie aus Fehlern lernen können und sich genügend Zeit für diesen Prozess zu nehmen. Als zweites Element kommen im Anwendungsprozess die positiven Beziehungen dazu. Einerseits unterstützt die Lehrperson die Lernenden so, dass sie ihnen individuell hilfreiche Impulse gibt, ohne ihnen dabei alle Schwierigkeiten aus dem Weg zu räumen. Die Lehrperson zeigt den Lehrenden gegenüber zudem ständig ihre Zuversicht. Sie ist überzeugt, dass die Lernenden die Herausforderungen schaffen und das angestrebte Ziel erreichen können. Und die Lernenden wissen, dass sie dabei von der Lehrperson gestützt werden. Im Unterricht werden aber auch die positiven Beziehungen der Lernenden untereinander gefördert. In Gruppenarbeiten, die besonders in der Anwendungsphase eingesetzt werden, lernen sie, aufeinander einzugehen, zuzuhören, ihre Meinung zu äußern, Arbeiten zu koordinieren, verlässlich zu sein, sachliche Kritik auszuüben und anzunehmen, was die positiven Beziehungen in der Klasse fördert. Lernende sollen sich auch gegenseitig beim Lernen helfen.

- In der Phase «Auswertung» ist das Element der Zielerreichung mit dem der Selbstwirksamkeit sehr eng verbunden. Nach dem Anwendungsprozess soll in der abschließenden Unterrichtsphase überprüft werden, wie gut die Lernenden nun etwas wissen oder können. Damit dabei bei den Lernenden wirklich das Empfinden von Zielerreichung und Selbstwirksamkeit entsteht, sind zwei Dinge besonders zu beachten. Die Lernenden müssen aufgrund der vorangehenden Lernprozesse die Chance haben, die entsprechenden Aufgaben zu lösen, das heißt eine Auswertung macht erst dann Sinn, wenn möglichst alle Lernenden die Ziele erreicht haben. Bei negativen Lernergebnissen muss unbedingt nachgefasst werden (Steiner, 2007), das heißt, dass zum Teil die Phasen des Verstehens und Anwendens nochmals durchgegangen werden müssen, sonst besteht die Gefahr, dass sich jene Lernenden, die keinen Erfolg hatten, als wenig selbstwirksam erleben. Als Zweites ist es wichtig, dass die Aufgaben in der Auswertungsphase nicht zu leicht oder zu oberflächlich sind, denn in diesem Fall stärkt die Unterforderung der Lernenden deren Selbstwirksamkeitserleben überhaupt nicht. Wird die Zielerreichung überprüft, ist zudem wichtig, dass auch auf die Frage, wie die Ziele erreicht wurden, das heißt auf die Lernstrategien eingegangen wird.

Die oben dargestellte Verknüpfung des AVIVA-Modells mit den fünf Elementen von PERMA lässt sich sowohl im direkten wie auch im indirekten Vorgehen realisieren. Wobei berücksichtigt werden muss, dass der Weg vom direkten zum indirekten ein schrittweiser ist. Das heißt, es gibt nicht einfach diese zwei Modi, sondern viele dazwischen.

Das Fortschreiten vom direkten zum indirektem Vorgehen mit dem AVIVA-Modell kann dabei nach dem Modell der *Cognitive Apprenticeship* (Collins, Brown & Newman, 1989) erfolgen. In der ersten Phase, dem *Modelling,* gestaltet die Lehrperson den Unterricht entlang dem AVIVA-Modell direkt, und entsprechend ist sie auch darum besorgt, die Elemente des Wohlbefindens in den einzelnen Phasen zu fördern. Im zweiten Schritt, dem *Coaching*, rücken vermehrt auch Strategien in den Fokus, die den Lernenden zeigen, wie sie die einzelnen Phasen gestalten beziehungsweise ihr Wohlbefinden fördern können. Bei der Umsetzung sind die Lernenden jedoch noch stark auf die Unterstützung der Lehrperson angewiesen. Im folgenden *Scaffolding*-Schritt setzen die Lernenden schon vieles selbstständig um, das indirekte Vorgehen steht bereits im Vordergrund und die Elemente des Wohlbefindens sind bei ihnen schon deutlich ausgeprägt vorhanden, die Lehrperson stützt jedoch noch dort, wo es notwendig. Schließlich benötigen die Lernenden keine Lehrperson mehr, sie können ihre Lernprozesse selbstständig nach dem AVIVA-Modell gestalten und ihr Wohlbefinden ist stark ausgeprägt. Das ist der letzte Schritt, das *Fading*.

Mit jedem Schritt der *Cognitive Apprenticeship* nimmt das Nachdenken und Reden über Strategien zur Gestaltung der Lernprozesse (im Sinn des AVIVA-Modells) und der Förderung der Stärkung des Wohlbefindens (im Sinn von PERMA) an Bedeutung zu. Dabei verlagert sich das Schwergewicht zunehmend von der Lehrperson zu den Lernenden: Zunächst erläutert die Lehrperson Strategien und lässt die Lernenden diese zielgerichtet anwenden und üben. Schon hier wird anschließend darüber nachgedacht, was funktioniert hat, wo es Knackpunkte gibt und so weiter. Mit der Zeit wählen die Lernenden Strategien selbst aus, wenden diese an, und anschließend erläutern sie, was sie warum gemacht haben und wie sie das nächste Mal vorgehen wollen. Die Lehrperson korrigiert dort, wo es noch notwendig erscheint.

4.3 AVIVA und die Förderung von Charakterstärken

Die oben beschriebene schrittweise Verschiebung vom direkten zum indirekten Vorgehen spielt auch bei der Förderung der Charakterstärken (positive Eigenschaften) im AVIVA-Modell eine wichtige Rolle. Beim direkten Vorgehen werden positive Eigenschaften aller Lernenden im Rahmen des Klassenunterrichts gefördert, beim indirekten Vorgehen werden Charakterstärken individuell angesprochen und gefördert. Dabei geht es darum, Stärken als «Muster des Denkens, Handelns und Fühlens, die uns – wenn wir sie praktizieren – energetisieren, motivieren und anregen» (Keller, 2017, S. 2), zu fördern und zu stützen und so den Lernenden die Möglichkeit zu geben, gute Leistungen zu erbringen (Biswas-Diener, 2010). Wobei die damit einhergehende Erhöhung des Leistungspotenzials dem Individuum eben nicht nur zur Integration in die Gesellschaft (zum Beispiel als leistungsfähige Arbeitnehmerin) nützen soll (zur Kritik an der Positiven Psychologie siehe Cabanas & Illouz, 2019), sondern gerade auch zur selbstbestimmten Selbstwerdung. Denn Neugier, Urteilsvermögen, Kreativität und weitere sind auch wichtige Eigenschaften für kritische Menschen zum Beispiel bei der Arbeit, in der Wissenschaft und für künstlerisch tätige Personen.

AVIVA-SCHRITT	FÖRDERUNG VON CHARAKTERSTÄRKEN
Ankommen und Einstimmen	Neugier
Vorwissen aktivieren	Urteilsvermögen
Informieren	Liebe zum Lernen, Kreativität
Verarbeiten	Ausdauer, Selbstregulation, Sinn für das Schöne
Auswerten	Hoffnung

Tabelle 20: Förderung von Charakterstärken in den verschiedenen AVIVA-Phasen

Folgende positive Eigenschaften können beim Lehren und Lernen auf der Basis des AVIVA-Modells besonders beim direkten Vorgehen gestärkt werden:
- *Neugier* kann im direkten Vorgehen besonders in der Ankommensphase gestärkt und gefördert werden. Die Lehrperson bringt anspruchsvolle Frage- und Problemstellungen ein, die es den Lernenden ermöglichen, Neues und Unbekanntes zu erfahren und zu lernen (Städeli, Pfiffner, Sterel & Caduff, 2019). Offenheit für Einstiegssituationen kann bei den Lernenden gefördert werden (Keller, 2017) durch anregende Denkanstöße (zum Beispiel Verpacken von Sach- oder Problemzusammenhängen in eine Geschichte) und durch außerschulische Lernorte. Beim indirekten Vorgehen stehen dann metakognitive Strategien im Vordergrund, mit deren Hilfe die Lernenden eigene Ziele formulieren und ihr Lernen planen, umsetzen und reflektieren können.
- *Urteilsvermögen* ist eine positive Eigenschaft, die es ermöglicht, eine kritische Distanz zu sich selbst einzunehmen. In der Phase der Vorwissensaktivierung muss die Lehrperson den Lernenden – im direkten Vorgehen – zum Bewusstsein bringen, dass vieles, was wir zu wissen glauben, Fehlvorstellungen sind und dass wir deshalb häufig umlernen müssen, was nicht einfach ist. Auch (Vor-)Urteile zum Beispiel über Menschen, Menschengruppen und fremde Kulturen sollen kritisch hinterfragt und eventuell revidiert werde. Im indirekten Vorgehen richtet sich das Urteilsvermögen der Lernenden auf ihr Vorgehen beim Lernen. Sie stellen sich die Fragen: Wie bin ich das letzte Mal vorgegangen? Was hat funktioniert? Was will ich dieses Mal anders machen?
- *Liebe zum Lernen* ist verwandt mit der Neugier. Allerdings geht es bei dieser eher um das direkte Erleben, während bei jener die kognitiven Aspekte (Keller, 2017) im Vordergrund stehen. In der Phase des Informierens fördert die Lehrperson im direkten Vorgehen durch geschickte Aufträge das Verstehen der Lernenden, und diese erfahren, dass sie sich durch gekonntes Vorgehen neues, durchaus auch schwieriges Wissen erschließen können. Dieser Erfolg spornt zugleich zu weiterem Lernen an.
- *Kreativität* spielt in der Informationsphase besonders beim indirekten Vorgehen eine wesentliche Rolle, wobei Kreativität als positive Eigenschaft nicht so sehr die Fähigkeit

bedeutet, Neues zu schaffen, wie dies bei Künstlerinnen und Künstlern der Fall ist, sondern eher meint, Probleme auf ungewohnte Weise anzugehen. Selbstständige Lernende gehen immer wieder neue Wege zur Erschließung neuen Wissens. Bei Erfolg stellt sich dabei auch ein gewisser Enthusiasmus für die Sache und das eigene Lernen ein.

- Für die Phase der Verarbeitung ist die *Ausdauer* von entscheidender Bedeutung. Hier geht es darum, trotz Schwierigkeiten, Hindernissen und Entmutigungen weiterzuarbeiten und Routine zu entwickeln. Im direkten Vorgehen muss die Lehrperson die Haltung, dass Lernen der Beharrlichkeit und des Fleißes bedarf, nicht nur vorleben, sondern diese auch den Lernenden vermitteln. Sie schiebt Phasen des Anwendens, Übens und Wiederholens an und stützt Lernende in ihrem Durchhaltewillen.
- *Selbstregulation* als positive Eigenschaft ist beim indirekten Vorgehen unter anderem in der Phase des Verarbeitens ganz wichtig. Dabei steht die Steuerung des Selbst im Zentrum: Es wird Willenskraft aufgewendet, Ablenkungen von der Arbeit werden vorbeugend vermieden, die Arbeit, aber auch Erholungspausen werden geplant und der Arbeitsplatz ist so eingerichtet, dass effizient gearbeitet werden kann. Im Unterricht fördert eine Lehrperson dies, indem sie eine Lernumgebung bereitstellt, die Eigeninitiative und Wahlfreiheit bei der Planung und Realisierung der Lerntätigkeit erlaubt.
- Je tiefer man selbstreguliert im Verarbeitungsprozess in die Sache eindringt und sie so besser versteht, umso mehr entwickelt sich auch der *Sinn für das Schöne*. Schönheit bezieht sich dabei nicht nur auf Werke der Kunst oder die Natur als visuelle Erscheinung. Schön sind zum Beispiel auch die universalen Gesetze, die das Leben von Organismen, aber auch Artefakten wie Städte bestimmen (West, 2019), die Eleganz eines mathematischen Beweises oder die Visualisierung der Mandelbrot-Menge.
- *Hoffnung* als positiver Glaube an die Zukunft ist in der Auswertungsphase notwendig, vor allem, wenn die Ergebnisse in diesem Prozess nicht befriedigend ausfallen. Im direkten Vorgehen fasst die Lehrperson nochmals bei den Lernprozessen nach, sie geht nochmals auf das Verstehen ein, sie lässt noch mehr üben und anwenden. Stellt sich dann der Erfolg bei der Auswertung ein, so stärkt das auch die Hoffnung der Lernenden.

Im direkten Vorgehen können und sollen also in den einzelnen Phasen Charakterstärken, die für das Lernen wesentlich sind, gestärkt werden, indem der Unterricht auf diesen aufbaut. Im indirekten Vorgehen sollen dann die schon recht selbstständigen Lernenden, die die notwendigen positiven Eigenschaften für das Lernen besitzen, individuelle Stärken weiterentwickeln können. Sie achten dabei darauf, welche Charakterstärken sie haben, was sie schon gut können und wie sie diese auch in anderen Lebenssituationen einsetzen können.

In den nächsten Jahren und Jahrzehnten wird die (Schul-)Pädagogik einem staken Wandel unterworfen sein. Es bleibt zu hoffen, dass dabei dem Konzept der Positiven Bildung eine wichtige Rolle zukommt.

5 Literaturverzeichnis

Aloe, A. M., Shisler, S. M., Norris, B. D., Nickerson, A. B. & Rinker, T. W. (2014). A multivariate meta-analysis of student misbehavior and teacher burnout. Educational Research Review, 12, S. 30–44.

Baroffio, A., Giacobino, J., Vermeulen, B. & Vu, N. (1997). The new preclinical medical curriculum at the university of Geneva: processes of selecting basic medical concepts and problems for the PBL learning units. In A. Scherpier, C. Van der Vleuten & J. Rethans (Hrsg.), Advances in medical education (S. 498–500). Dordrecht: Kluwer.

Barrows, H. S. & Tamblyn, R. M. (1980). Problem-based learning: An approach to medical education. New York: Springer.

Becker, Georg E. (2007). Handlungsorientierte Didaktik, Teil 3: Unterricht auswerten und beurteilen (Sonderausgabe). Weinheim: Beltz.

Beljan, J. (2017). Schule als Resonanzraum und Entfremdungszone. Eine neue Perspektive auf Bildung. Weinheim und Basel: Beltz Juventa.

Berger, J.-L. (2009) Lernmotivation und Lernstrategien. Wenig motivierte Jugendliche lernen anders. Panorama, (4), S. 19-20.

Biswas-Diener, R. (2010). Practicing positive psychology coaching: Assessment, activities and strategies for success. Hoboken: Wiley.

Bloom, B. S. (1956). Taxonomy of educational objectives. The classification of educational goals. Handbook I: Cognitive domain. New York: Longmans, Green and Co.

Boekaerts, M. (1999). Self-regulated learning: Where we are today. International Journal of Educational Research, 31, S. 445–457.

Boelens, R., Voet, M. & De Wever, B. (2018). The design of blended learning in response to student diversity in higher education: Instructors' views and use of differentiated instruction in blended learning. Computers & Education, 120, S. 197–212.

Boelens, R., De Wever, B. & Voet, M. (2017). Four key challenges to the design of blended learning: A systematic literature review. Educational Research Review, 22, S. 1–18.

Brahm, T. & Jenert, T. (2011). Planung und Organisation-Technologieeinsatz von der Bedarfsanalyse bis zur Evaluation. In S. Schön & M. Ebner (Hrsg.), Lehrbuch für Lernen und Lehren mit Technologien (S. 175–187). Bad Reichenhall: BIMS.

Braßler, M. & Dettmers, J. (2016). Interdisziplinäres Problembasiertes Lernen – Kompetenzen fördern, Zukunft gestalten. Zeitschrift für Hochschulentwicklung, 11(3), S. 17–37.

Brohm, M. (2016). Positive Psychologie in Bildungseinrichtungen. Springer: Heidelberg.

Brohm, M. & Endres, W. (2017). Positive Psychologie in der Schule. Die «Glücksrevolution» im Schulalltag. Weinheim und Basel: Beltz.

Brophy, J. E. (2002). Gelingensbedingungen von Lernprozessen. Landesinstitut für Schule und Weiterbildung des Landes NRW, Fortbildungsmaßnahme «Schulprogramm und Evaluation». Soest.

Brühwiler, C., Hollenstein, L., Affolter, B., Biedermann, H. & Oser, F. (2017). Welches Wissen ist unterrichtsrelevant? Zeitschrift für Bildungsforschung, 7(3), S. 209–228.

Büchel, F. P. & Büchel, P. (2010). DELV – Das Eigene Lernen Verstehen. Ein Programm zur Förderung des Lernens und Denkens für Jugendliche und Erwachsene. Bern: hep Verlag.

Cabanas, E. & Illouz, E. (2019). Das Glücksdiktat. Und wie es unser Leben beherrscht. Berlin: Suhrkamp.

Caduff, C., Pfiffner, M. & Bürgi, V. (2018). Lernen. Bern: hep Verlag.

Careum (2013). Problem basiertes Curriculum Höhere Fachschule: Curriculum-Buch 1. Zürich: Careum Stiftung.

Careum (2018). Lernen an der Berufsfachschule FAGE (Version 3). Zürich: Careum.

Careum (2020). Erleben Sie PBL live! Online: https://www.careum.ch/-/news_160615_pbl_live [28.06.2020].

Collins, A., Brown, J. S. & Newman, S. E. (1989). Cognitive apprenticeship: Teaching the crafts of reading, writing, and mathematics. In L. B. Resnick Hrsg.), Knowing, learning, and instruction: Essays in the honour of Robert Glaser (S. 453–494). Hillsdale, NJ: Erlbaum.

CYP (2020). Bildungskonzept. Online: https://cyp.ch/ueber-cyp/bildungskonzept [19.5.2020].

Literaturverzeichnis

Dalsgaard, C. (2006). Social software: E-learning beyond learning management systems. European Journal of Open, Distance and e-learning, 9(2).

Deci, E. L. & Ryan, R.M (1993). Die Selbstbestimmungstheorie der Motivation und ihre Bedeutung für die Pädagogik. Zeitschrift für Pädagogik, 39(2), S. 223–238.

Donnelly, R. (2013). The role of the PBL tutor within blended academic development. Innovations in Education and Teaching International, 50(2), S. 133–143.

Dubs, R. (2009). Lehrerverhalten: ein Beitrag zur Interaktion von Lehrenden und Lernenden. Zürich: Verlag SKV.

Emmer, E. T. & Evertson, C. M. (2012). Classroom management for middle and high school teachers (9. Auflage). New York: Addison Wesley.

Erpenbeck, J., Sauter, S. & Sauter, S. (2015). E-Learning und Blended Learning. Selbstgesteuerte Lernprozesse zum Wissensaufbau und zur Qualifizierung. Wiesbaden: Springer.

Euler, D. et al. (2009). Abschlussbericht des Programmträgers zum BLK-Programm: Selbstgesteuertes und kooperatives Lernen in der beruflichen Erstausbildung (SKOLA). St. Gallen, Dortmund: Institut für Wirtschaftspädagogik der Universität St. Gallen, Institut für Allgemeine Erziehungswissenschaft und Berufspädagogik der Universität Dortmund.

Euler, D. & Hahn, A. (2007). Wirtschaftsdidaktik (2. Auflage). Bern: Haupt.

Euler, D. & Kühner, P. (2017). Problem-based assignments as a trigger for developing ethical and reflective competencies. Interdisciplinary Journal of Problem-Based Learning, 11(2), S. 2.

Euler D., Seufert, S. & Wilbers, K (2006). eLearning in der Berufsbildung. In R. Arnold & A. Lipsmeier (Hrsg.), Handbuch der Berufsbildung (S. 432–450). Wiesbaden: Springer VS.

Evers, W. J. G., Tomic, W. & Brouwers, A. (2004). Burnout Among Teachers. Students' and Teachers' Perceptions Compared. School Psychology International, 25(2), S. 131–148.

Evertson, C. M., Emmer, E. T. & Worsham, M. E. (2006). Classroom Management for Elementary Teachers (7. Auflage). Boston: Allyn & Bacon.

Feierabend, S., Plankenhorn, T. & Rathgeb, T. (2018). Stellenwert des Smartphones bei Kindern und Jugendlichen Handbuch Mobile Learning (S. 657–672): Springer.

Fölsing, J. (2013). Blended Learning in der Praxis. Saarbrücken: AV Akademikerverlag.

Fowler, C. (2015). Virtual reality and learning: Where is the pedagogy? British Journal of Educational Technology, 46(2), S. 412–422.

Frankl, G., Schartner, P. & Zebedin, G. (2012). Secure online exams using students' devices. Paper presented at the Proceedings of the 2012 IEEE Global Engineering Education Conference (EDUCON), Marrakech.

Ghisla, G., Bausch, L. & Boldrini, E. (2008). CoRe – Kompetenzen-Ressourcen: Ein Modell der Curriculumentwicklung für die Berufsbildung. Zeitschrift für Berufs- und Wirtschaftspädagogik, 104(3), S. 431–466.

Glahn, C. & Gruber, M.R. (2018). Mobile Bended Learning. In C. de Witt & C. Gloerfeld (Hrsg.), Handbuch Mobile Learning (S. 303–321). Wiesbaden: Springer VS.

Gold, B. & Holodynski, M. (2011). Klassenführung. In E. Kiel & K. Zierer (Hrsg.), Basiswissen Unterrichtsgestaltung. Band 3: Unterrichtsgestaltung als Gegenstand der Praxis (S. 133–151). Baltmannsweiler: Schneider Hohengehren.

Grabner, G. (2015). Blended Learning – Blendende Aussichten oder nur Blendwerk? Saarbrücken: AV Akademikerverlag.

Haag, L. (2018). Kernkompetenz Klassenführung. Bad Heilbrunn: Julius Klinkhardt/utb.

Hastings, R. P. & Bham, M. S. (2003). The Relationship Between Student Behaviour Patterns and Teacher Burnout. School Psychology International, 24(1), S. 115–127.

Hattie, J. (2012). Visible learning for teachers: Maximising impact on learning. Abingdon: Routledge.

Hattie, J. & Zierer, K. (2016). Kenne deinen Einfluss! «Visible Learning» für die Unterrichtspraxis. Baltmannsweiler: Schneider Hohengehren.

HEA (2015). Framework for flexible learning in higher education. The Higher Education Academy. Online: www.heacademy.ac.uk/system/files/downloads/flexible-learning-in-HE.pdf [03.11.2020].

Literaturverzeichnis

Helmke, A. & Helmke, T. (2015). Wie wirksam ist gute Klassenführung? Effiziente Klassenführung ist nicht alles, aber ohne sie geht alles andere gar nicht. Pädagogik Leben, 2, S. 7–11.

Hentig, H. von (1996). Bildung. Ein Essay. München und Wien: Carl Hanser Verlag.

Jannack, V., Knemeyer, J.-P. & Marmé, N. (2016). Problembasiertes Lernen in der Lehrkräftefortbildung. Zeitschrift für Hochschulentwicklung, 11(3), S. 39–52.

Jarosch, J. (2009). Die Mischung macht's: Blended Learning. Wirtschaftsinformatik und Management, 1(1), S. 24–29.

Keller T. (2017). Persönliche Stärken entdecken und trainieren. Hinweise zur Anwendung und Interpretation des Charakterstärken-Tests. Wiesbaden: Springer.

Kiel, E., Frey, A. & Weiß, S. (2013). Trainingsbuch Klassenführung. Bad Heilbrunn: Julius Klinkhardt.

Krommer, A. (2016). Digitale Jugendliteratur: Social Media, eBooks und Apps. Der Deutschunterricht, 5, S. 56–67.

Lahn, L. C. & Nore, H. (2018). ePortfolios as hybrid learning arenas in vocational education and training. In S. Choy, G.-B. Wärvik & V. Lindberg (Hrsg.), Integration of vocational education and training experiences (S. 207–226). Wiesbaden: Springer.

Le Boterf, G. (1994). De la compétence. Essai sur un attracteur étrange. Paris: Les éditions d'organisation.

Messner, H., Niggli, A. & Reusser, K. (2009). Hochschule als Ort des Selbststudiums – Spielraum für selbstgesteuertes Lernen. Beiträge zur Lehrerbildung, 27(2), S. 149–162.

Metzger, C. (2001). WLI-Schule. Wie lerne ich? Handbuch für Lehrkräfte (3. Auflage). Aarau: Sauerländer.

Metzger, C. (2008). Lern- und Arbeitsstrategien – WLI-Hochschule (10., überarbeitete Auflage). Oberentfelden: Sauerländer/Cornelsen.

Meyer, H. (2004). Was ist guter Unterricht. Berlin: Scriptor.

Meyer, H. (2005). Unterrichts-Methoden, Teil 1, Theorieband (12. Auflage). Berlin: Cornelsen/Scriptor.

Müller, C. (2011). Implementation von Problem-based Learning – institutionelle Bedingungen und Anforderungen. Zeitschrift für Hochschulentwicklung, 6(3), S. 111–127.

Müller, C. & Javet, F. (2019). Flexibles Lernen als Lernform der Zukunft? In D. Holtsch, M. Oepke & S. Schumann (Hrsg.), Lehren und Lernen auf der Sekundarstufe II (S. 84–94). Bern: hep Verlag.

NEA (2015). Preparing 21st century students for a global society. An educator's guide to the «four Cs». National Education Association. Online: www.nea.org/tools/52217.htm [15.06.2020].

OdA Santé. (2016). Bildungsplan Fachfrau/Fachmann Gesundheit EFZ. Bern: OdA Santé.

Ophardt, D. & Thiel, F. (2013). Klassenmanagement. Ein Arbeitsbuch für die Schule. Stuttgart: Kohlhammer.

Papastergiou, M. (2009). Digital game-based learning in high school computer science education: Impact on educational effectiveness and student motivation. Computers & education, 52(1), S. 1–12.

Peterson, Ch. & Seligman, M (2004). Character Strengths und Virtues. American Psychological Association, Oxford University Press.

Pfiffner M. & Walter-Laager, C. (2009). Soziale Beziehungen und Effekte im Unterricht. Empirische Studie: Einflüsse der sozialen Beziehungen im Unterricht auf Motivation, Fähigkeitsselbstkonzept und Leistung bei Kindern und Jugendlichen. Saarbrücken: Südwestdeutscher Verlag für Hochschulschriften.

Praetorius, S., Al-Kabbani, D., Bohndick, C., Hilkenmeier, J., König, S. T., Müsche, H. S. & Klingsieck, K. B. (2016). Spielend Lehrer/in werden: problembasiertes Lernen mit virtuellen Schülerinnen/Schülern. Zeitschrift für Hochschulentwicklung, 11(3), S. 231–245.

Reinmann-Rothmeier, G. & Mandl, H. (2006). Unterrichten und Lernumgebungen gestalten. In A. Krapp & B. Weidenmann (Hrsg.), Pädagogische Psychologie – Ein Lehrbuch (5. Auflage, S. 613–658). Weinmann: Beltz.

Renkl, A. (2016). Multiple Ziele: Warum Lernende oft (zu) viel beachten müssen und wie Lernende damit umgehen könnten. Unterrichtswissenschaft, 44(3), S. 239–251.

Reusser, K. & Reusser-Weyeneth, M. (Hrsg.). (1994). Verstehen. Psychologischer Prozess und didaktische Aufgabe. Bern: Huber.

Rosa, H. (2016). Resonanz. Eine Soziologie der Weltbeziehungen. Berlin: Suhrkamp.

Rosa, H., Endres, W. & Beljan, J. (2017). Resonanz im Klassenzimmer. 48 Impulskarten zur Resonanzpädagogik. Weinheim und Basel: Beltz.

Schön, S. & Ebner, M. (2018). Mobile Seamless Learning. In C. de Witt & C. Gloerfeld (Hrsg.), Handbuch Mobile Learning (S. 283–302). Wiesbaden: Springer VS.

Schutz, P. A. & Lanehart, S. L. (2002). Introduction: Emotions in education. Educational Psychologist, 37, S. 67–68.

Seligman, M. E. (2015). Wie wir aufblühen. Die fünf Säulen des persönlichen Wohlbefindens. München: Goldmann.

Städeli, C. & Caduff, C. (2019). Unterrichten: Ein Leitfaden für die Praxis. Bern: hep Verlag.

Städeli, C., Grassi, A., Rhiner, K. & Obrist, W. (2010). Kompetenzorientiert unterrichten: Das AVIVA-Modell. Bern: hep Verlag.

Städeli, C. & Maurer, M. (2020). The AVIVA model: A competence-oriented approach to teaching and learning. Bern: hep Verlag.

Städeli, C. & Pfiffner, M. (2018). Prüfen. Was es zu beachten gilt. Bern: hep Verlag.

Städeli, C., Pfiffner, M., Sterel, S. & Caduff, C. (2019). Klassen führen – mit Freude, Struktur und Gelassenheit. Bern: hep Verlag.

Stark, R., Herzmann, P. & Krause, U.-M. (2010). Effekte integrierter Lernumgebungen-Vergleich problembasierter und instruktionsorientierter Seminarkonzeptionen in der Lehrerbildung. Zeitschrift für Pädagogik, 56(4), S. 548–563.

Steele, D. J., Medder, J. D. & Turner, P. (2000). A comparison of learning outcomes and attitudes in student-versus faculty-led problem-based learning: An experimental study. Medical education, 34(1), S. 23–29.

Steiner, G. (2007). Der Kick zum effizienten Lernen. Bern: hep Verlag.

Sterel, S., Pfiffner, M. & Caduff, C. (2018). Ausbilden nach 4K – Ein Bildungsschritt in die Zukunft. Bern: hep Verlag.

Sumner, J. (2000). Serving the system: A critical history of distance education. Open Learning: The Journal of Open, Distance and e-Learning, 15(3), S. 267–285.

Terhart, E. (2009). Didaktik: eine Einführung. Stuttgart: Reclam.

Thai, N. T. T., De Wever, B. & Valcke, M. (2017). The impact of a flipped classroom design on learning performance in higher education: Looking for the best «blend» of lectures and guiding questions with feedback. Computers & Education, 107, S. 113–126. Online: https://doi.org/10.1016/j.compedu.2017.01.003 [24.10.2020].

UZH (2015). VIA-IS Interpretationshilfe. Zürich: Universität Zürich.

Vollmer, B. (2016). Kreativität als Ko-Konstruktion. Konstruktionsprozesse in unbekanntem Raum. Journal für LehrerInnenbildung, 1/2016, S. 18–22.

Vygotsky, L. S. (1978). Mind in society: The development of higher psychological processes. Cambridge, Mass.: Harvard University Press.

Weber, M., Wagner & L. Ruch, W. (2016). Positive feelings at school: On the relationship between students' character strengths, school-related affect, and school functioning. Journal of Happiness Studies, 17(1), S. 341–355.

West, G. (2019). Scale. Die universalen Gesetze des Lebens von Organismen, Städten und Unternehmen. München: C.H. Beck.

Wettstein, A. (2013). Die Wahrnehmung sozialer Prozesse im Unterricht. Schweizerische Zeitschrift für Heilpädagogik, 7(8), S. 5–13.

Wild, E., Hofer, M. & Pekrun, R. (2006). Psychologie des Lernens. In A. Krapp & B. Weidenmann (Hrsg.), Pädagogische Psychologie – ein Lehrbuch (5. Auflage, S. 203–268). Weinheim: Beltz.

Zobel, B., Werning, S., Metzger, D. & Thomas, O. (2018). Augmented und Virtual Reality: Stand der Technik, Nutzenpotenziale und Einsatzgebiete. In C. d. Witt & C. Gloerfeld (Hrsg.), Handbuch Mobile Learning (S. 123–140). Wiesbaden: Springer VS.

6 Register

Anforderungen 51, 53
Arbeitswelt 50, 83
Ausdauer 90, 94f.
Ausgangsproblem 54, 60
Auswertung 40ff., 52, 60, 74, 77ff., 82, 92f.
Authentizität 90
AVIVA-Modell 10, 13, 15, 19f.

Bedeutung der Inhalte 50, 53
Begleitung 60
Beurteilungskriterien 82
Blended Learning 60ff., 72ff.
Blended-Learning-Arrangements 67f.

Chancengerechtigkeit 78f., 84
Charakterstärken 88ff., 93ff.
Coaching 93
Cognitive Apprenticeship 93

Direktes Vorgehen 14f., 24f., 27, 31, 33, 38ff., 42ff.

Enthusiasmus 90
Erfolge 52

Fading 93
Fertigkeiten 11f.
Freude 50, 53

Gelassenheit 51
Gültigkeit 78f., 84
Gütekriterien 78f., 83f.

Haltungen 11f., 53
Handlungssituation 54f.
Hoffnung 90, 94f.
Humor 51, 53

Indirektes Vorgehen 14, 25, 27, 31, 33, 35, 38ff., 42, 44, 77

Klassenführung 48ff., 53
Kommunikation 83ff.
Kompetenzen 10ff., 79f., 83
Kompetenzorientierter Unterricht 19
Kooperation 83ff.
Kreativität 90, 94f.
Kreativität und Innovation 83f., 86
Kritisches Denken und Problemlösen 83f.

Lernen
  Präsenzlernen 61f.
  Distanzlernen 61f.
  Nahtstellen des Distanz- und Präsenzlernens 69
  flexibles 61
  situiertes 53
Lernplattformen 63ff.
Lernprozess 10, 54, 69, 78
Lern- und Lehrformate
  analog 65
  digital 65
Lernziele 15, 24, 66, 68
Liebe zum Lernen 90, 94

Methoden 14, 16, 24f., 27ff., 33ff., 38ff., 42ff.
Modelling 93
Motivation 17f., 23

Neugier 90f., 94

Ökonomie 78f., 84

PERMA
  Positive Emotion 88, 91
  Engagement 88f., 91f.
  Positive Relationship 88f.
  Meaning 88f., 91
  Accomplishment 88f., 91
Positive Beziehungen 89

Positive Bildung 88ff.
Positives Gefühl 88, 91
Produkt 77, 80ff., 86
Prozessorientierte Prüfungsformen 80f.
Prozessorientiertes Prüfen 80ff., 85
Prüfen
  formativ 66, 75ff.
  summativ 66, 77ff.

Regeln 50f., 53
Ressourcen 10ff., 15, 17f., 45, 66
Rückmeldungen 52f., 75ff.
Ruhe 51, 53

Scaffolding 93
Selbsteinschätzung 76f.
Selbstregulation 90, 94f.
Selbstwirksamkeit 18, 52f., 89, 92f.
Siebensprungmethode 55ff.
Sinn 89
Sinn für das Schöne 90, 94f.
Situationen 11, 16
Soziale Intelligenz 90
Sozialformen 52f., 68
Sprachkompetenzen 85
Störungsanfälliger Unterricht 52
Strategien
  kognitive 18f., 23, 27, 32, 37f., 42, 76f.
  metakognitive 18f., 23, 27, 32, 37, 42, 76f.
  motivationale 18f., 23, 27, 32, 37, 41, 76f.
Struktur 16, 28f., 40, 43, 51, 53, 57, 71, 77

Tapferkeit 90
Tutorinnen, Tutoren 59f.

Urteilsvermögen 90, 94

Vertrauen 49f., 53
Vorwissen 26

Weg
   direkter 58
   indirekter 58
Weisheit 90
Wissen
   deklaratives 12, 26
   konditionales 12

Metawissen 12
   prozedurales 12
Wohlbefinden 88, 90f., 93
Ziele formulieren 50, 53
Zielerreichung 89, 92f.
Zone der nächsten Entwicklung 37f.
Zuverlässigkeit 78f., 84

Die Autoren

Christoph Städeli, Prof. Dr. phil., ist Leiter der Abteilung Sekundarstufe II/Berufsbildung an der Pädagogischen Hochschule in Zürich und dort Dozent für Didaktik. Der Erziehungswissenschaftler hat mehrjährige Unterrichtserfahrung. Er ist ausgebildeter Primar- und Berufsschullehrer. Sein Anliegen ist die kompetente Umsetzung der Theorie in die Unterrichts- und Schulpraxis.

Markus Maurer, Prof. Dr., ist Professor für Berufspädagogik an der Pädagogischen Hochschule Zürich und als Dozent in der Ausbildung von Berufsschullehrpersonen tätig. Im Rahmen seiner Forschungstätigkeit beschäftigt er sich insbesondere mit der Berufsbildung für Erwachsene, mit der internationalen Berufsbildungszusammenarbeit sowie mit der Didaktik der beruflichen Bildung.

Claudio Caduff, Prof. Dr., ist Inhaber einer Professur «Fachdidaktik der beruflichen Bildung» an der Pädagogischen Hochschule Zürich und wirkt dort als Dozent für Fachdidaktik in der Ausbildung von Berufsfachschullehrpersonen allgemeinbildender Richtung und in der Berufsmaturität. Er verfügt über jahrelange Unterrichtserfahrung in BM-Bildungsgängen.

Manfred Pfiffner, Prof. Dr. habil., seit über 30 Jahren im Feld von Schule, Aus- und Weiterbildung tätig. Professur für Berufspädagogik an der Pädagogischen Hochschule Zürich. Langjährige Unterrichts- und Praxisberatungstätigkeit an Berufsfachschulen. Venia Legendi: Elementar- und Schulpädagogik. Privatdozent der Carl von Ossietzky Universität, Oldenburg.

Christoph Städeli, Claudio Caduff

Unterrichten

Ein Leitfaden für die Praxis

Konzentration auf das Wesentliche – so lautet die Devise der Autoren in diesem Buch. Sie fokussieren auf den eigentlichen Sinn und Zweck des Lehrens und Lernens. In einfacher Form beschreiben die beiden erfahrenen Autoren Kernelemente der Unterrichtsvorbereitung und -durchführung. Sie erläutern theoretische Ansätze, unterbreiten konkrete Vorschläge, präsentieren praktikable Methoden und stellen hilfreiche Instrumente zur Verfügung. Das Buch richtet sich an Lehrkräfte und Weiterbildungsverantwortliche, die ihre Vorstellung von gutem Unterricht weiterentwickeln möchten.

Saskia Sterel, Manfred Pfiffner, Claudio Caduff

Ausbilden nach 4K

Ein Bildungsschritt in die Zukunft

Kritisches Denken und Problemlösen, Kommunikation, Kooperation, Kreativität und Innovation – diese 4K sind die Kompetenzen, die ein Mensch im 21. Jahrhundert braucht, um einerseits in der Gesellschaft zu bestehen und andererseits diese mitzugestalten. Die Autorin und die Autoren haben dazu ein Studienmodell für die Berufsbildung entwickelt, das sie an der Pädagogischen Hochschule Zürich bereits mit Erfolg umsetzen. Ganz im Sinne der 4K werden angehende Lehrerinnen und Lehrer für den berufskundlichen und allgemeinbildenden Unterricht gemeinsam ausgebildet. Im Buch wird das Modell anhand von Beispielen aus der Praxis vorgestellt.